이슬람 예술

차례
Contents

03 거대한 문명의 용광로, 이슬람 예술 05 장식미술의 진수 : 이슬람 미술 34 이슬람 제국의 상징물 : 이슬람 건축 64 종교를 초월한 예술 : 이슬람 음악 89 조화와 균형의 아름다움 : 이슬람 예술의 특징

거대한 문명의 용광로, 이슬람 예술

이슬람 예술이란 그 근원지인 아라비아 반도를 중심으로, 이슬람이 출현한 7세기부터 17세기까지 약 10세기 동안 미(美)에 대한 표현과 예술적 대상물의 창조에 있어서 이슬람 세계가 이룩해낸 모든 것을 의미한다.

먼저 이슬람 예술은 이 지구상에 가장 널리 퍼져 있는 세계적 예술이라고 말할 수 있다. 그래서 인도의 벵골 만에서 유럽에 위치한 이베리아 반도까지, 어디서나 그 흔적을 쉽게 찾아볼 수 있다. 세계적으로 유명한 인도의 타지마할과 스페인의 알함브라 궁전 등 도처에 산재한 이슬람의 기념물이 바로 이슬람의 웅대한 구심성을 밝혀주는 증거이다.

또한 이슬람 예술은 7세기에 탄생돼 13세기 및 14세기에 그

예술의 절정을 이루었고 18세기 이후 쇠퇴된, 중국의 예술을 제외하고는 세계에서 가장 오래된 역사를 가진 예술이라 할 수 있다.

    이슬람 예술은 페르시아와 중국의 영향을 많이 받았다. 특히 장식미술과 산업 공예 부문에서 이들 문화와의 절충과 함께 이슬람 문화의 독창성을 모두 볼 수 있다. 사실 이슬람 사회는 그리스-로마, 페르시아, 인도, 중국 등 그 근원이 무척 다양하다. 그런데도 이슬람 사회는 여러 외래문화의 요소들을 융합하는 복합 발전체로서, 그 이전의 문명을 단순히 기계적으로 배열하는 데 그치지 않고 아랍 및 이슬람 형태로 전환했다. 다시 말해서 새롭고 원천적인 문화 속에 다른 모든 요소들을 융해한 하나의 새로운 창조인 이슬람 문화를 이룩해낸 것이다.

    오늘날 이슬람 세계는 57개국에 이를 정도로 광범위한 지역에 걸쳐 있다. 이런 상황을 고려할 때 이슬람 세계 전역의 예술을 다루는 것은 무리이며, 따라서 이 책에서는 이슬람 및 아랍 예술의 근원지인 중동, 북아프리카 지역의 미술, 건축 그리고 음악을 중심으로 역사적 발전을 통한 이슬람 예술의 종류와 특징을 살펴볼 것이다.

장식 미술의 진수 : 이슬람 미술

이슬람은 등장 초기부터 우상숭배 전통과 싸움을 벌였다. 선지자 무함마드는 메카를 정복하면서 카바 신전에 있었던 360여 개의 우상을 모두 파괴했다.

이슬람 종교는 숭배 장소에서 생명이 있는 대상을 그린 그림을 강력하게 금지시켰다. 이후 예언자의 언행록에는 그림을 금지하고 혐오하는 내용이 많이 전해져 내려왔다. 이는 곧 종교 지도자들이 화가들을 멀리하는 계기로 작용했다.

따라서 화가들은 이슬람 초기부터 사상가와 문인들과는 달리 고상한 지위에 도달하지 못했다. 또한 역사가들도 화가들의 이야기를 좀처럼 기록하지 않아서 화가들에 관한 서적 자체가 매우 희귀하다.

자연스레 화가들은 이런 사회적 분위기를 인식하고 회화 발전에 그다지 큰 노력을 들이지 않았다. 심지어 자신의 그림에 서명조차 남기지 않다가 15세기 후반에 들어서야 비로소 서명을 남기기 시작했다. 그러므로 이슬람 미술에 관한 연구는 화가들이 아닌 그들의 그림에 국한될 수밖에 없다.

　이와 같은 여러 상황으로 볼 때 이슬람은 종교를 위해 그림을 사용하지 않았음을 알 수 있고, 따라서 모스크는 물론 종교 서적에도 생명을 그린 그림은 발견할 수 없다(예를 들면 사도들의 그림이나 무함마드의 승천과 같은 역사적 사건을 그린 그림은 비 아랍인 무슬림 화가들의 것이다). 대신 아랍-무슬림들은 기하학, 식물, 자연경치, 서예(書藝) 등을 이용한 장식으로 눈을 즐겁게 하는 미술을 발전시켰다(물론 때로는 이해하기나 읽기 어려운 경우도 있다).

　다만 여기서 한 가지 지적하고 싶은 것은 이슬람의 미술은 종류도 다양하고 왕조마다 발전 양상과 시기가 다르거나 중복되어 정확한 장르별, 시대별, 왕조별 구분이 어렵다는 점이다. 때문에 여기서는 좀 더 큰 테두리 안에서 이슬람 미술에 접근하고자 한다.

아라베스크(Arabesque)의 발달

　모든 이슬람의 조형 예술은 장식적인 특징이 있으며, 현실재현주의적인 것은 거의 없다고 할 수 있다. 아랍-무슬림 예술가들은 장식 분야를 그들의 독창성을 발휘할 무대로 선택했다.

그들은 자연에서 존재하지 않는 것을 예술의 기초로 삼았다. 즉, 비록 복잡하지만 비교적 작은 단위나 모티프를 반복한다거나 조형 양식에 따라서 하나의 커다란 장식 형태로 표현했다.

아랍-이슬람 예술가들은 자연에서 관찰할 수 있는 형태의 세속적 현실 위에 바탕을 두고 사고, 관념 그리고 상상력의 발현을 중요시했다. 이것은 그들의 예술적 소명이었으며, 마침내 이를 통해 위대한 예술적 전통을 창조할 수 있었다.

이슬람 미술에는 실제 현실과는 동떨어진 영감의 근원을 암시해주는 공상적인 특성이 있다. 그래서 종교적 목적을 가진 건축물이든 아니든, 그 건물의 벽과 안뜰, 천장 등은 복잡한 디자인과 환상적이고 상상적인 세계를 표현할 수 있는 훌륭한 재료로 장식되어 있다. 포도나무 덩굴손 등 고대의 잎사귀 디자인을 채택하고, 이것을 아라베스크라는 새로운 형태의 장식으로 발전시킨 사람들이 바로 아랍인들이다. 한마디로 아라베스크는 이슬람 세계의 예술과 밀접히 연관되어 있는 무슬림 예술의 형태이며, 이슬람 장식미술의 진수라고 할 수 있다.

처음에는 헬레니즘-로마 스타일로부터 영감을 얻은 전통적인 모티프와 형식이 이슬람의 대상물을 장식하는 데 사용되었다. 그러나 무늬가 점점 추상적으로 바뀌면서 실제 식물과 유사한 것은 모두 제거되었고 기하학적 형태로 대체되었다. 즉 본격적으로 아라베스크를 구체화하는 새로운 스타일의 장식이 등장한 것이다.

기하학적 기본 문양으로는 원, 정방형, 다각형, 십자가의 변

기하학적 문양

형인 만(卍)자, 꼬부랑길, 장기판 무늬, 지그재그 형태 등이 있는데, 몇몇 단순한 형태에서 시작해 점차 높은 수준의 복잡성과 풍부성에 도달했다. 그리고 마침내 추상적 개념에 기초를 두고 항상 변화하는 형태의 디자인을 개발했다.

기하학은 아랍-이슬람 예술가들에게 있어 디자인의 보고였다. 세계적으로 유명한 인도 타지마할의 벽면은 여러 가지 색깔의 보석을 사용해서 대리석에 기하학적 문양과 꽃문양을 새겨 넣은 아라베스크 양식을 보여주는 대표적인 실례이다.

아랍어 문자를 예술적 목적에 이용한 것도 매우 주목할 만한 사실이다. 한자 문화권에서 서예(書藝)가 예술의 한 분야를 이루어온 것처럼, 무슬림들도 서예를 미술의 경지로 발전시켰다는 평가를 받는다. 서예는 이슬람에서 순수한 장식수단으로 활용됨으로써 가장 전형적이고 광범위한 예술 양식으로 자리 잡았다. 처음에는 간단한 형태였으나 9세기부터 점차 장식성을 더하며 추상화되어갔다.

주지하다시피 아랍어가 아름답고 미학적 가치가 대단히 뛰어나다는 것은 정평이 나 있는 사실이다. 각 문자가 단어에서 차지하는 위치에 따라 형태가 달라지는 등, 아랍어 글자 자체에는 기본적인 디자인 요소와 예술적 기능이 내포되어 있다. 자연히 무슬림들은 서예에서 마음껏 실력을 발휘했다. 감히 넘볼 수 없는 현란함과 우아함을 뽐내며 성스러운 경전 코란을 찬미한 것도 아랍어를 바탕으로 한 것이다.

이슬람의 서예

아랍 서예에는 획의 각과 수직적 선에 주안점을 두는 쿠파(Kufah) 서체와, 획의 평행선에 치중하는 나스키(Naskhi) 서체가 있다. 이는 하나의 장식 도안으로서 여러 등급의 양식화에 사용되었다. 코란 연구의 중심지였던 이라크의 쿠파 시(市)와 깊은 관련이 있는 쿠파체는 가장 오래된 아랍어 서체로서, 직선적인 모양이 암시하듯 고대 아라비아 금석문의 비명체(碑銘體)에서 비롯되었다.

대략 11세기까지 코란을 필사하는 데 사용된 유일한 서체는 쿠파체였는데, 가장 오래된 코란 역시 우아하고 엄숙한 이 쿠파체로 쓰였다. 12세기 이후 쿠파체는 건축물과 물건을 장식하는 데 쓰였다. 쿠파체보다 부드러운 형태 때문에 글쓰기에 더 용이한 나스키체는 일반적으로 서적에 사용되었다. 나스키체는 장식적 효과를 높이기 위해서 한 글자 위에 또 다른 글자를 쓰는 형태이며, 쿠파체는 식물이 우거진 모양이나 꽃잎의 결합 모양으로 그려서 마치 미로 같은 도형처럼 보이게 한다.

이처럼 아랍어 서체는 각 문자의 결합 방법이 저마다 다양하여 그 뜻을 해독하기 힘들 정도이다. 그러므로 모스크에 등장한 복잡한 명문들은 그 출현 목적이 인간이 아니라 신을 향해 있고, 신앙을 심미적인 형태로 확인하는 데 있다고 봐야 한다.

서예는 건축물의 문틀과 돔 바탕에서 프리즈의 형태로 장식되었을 뿐만 아니라 화병, 그릇 등과 같은 모든 종류의 장식에 사용됐다. 이들 장식용 명각(銘刻)에 사용된 텍스트는 대부분 코란의 구절들이다. 가장 아름다운 실례로는 푸른색 바탕 위에 흰 글씨로 장식한 타일을 들 수 있다.

전체 표면을 장식으로 채우려는 이슬람의 예술적 욕구에는 아라베스크가 매우 적합했다. 거대한 돔의 곡선에서 조그만 금속상자의 뚜껑에 이르기까지, 모든 공간은 지속적으로 반복되는 무늬로 치장되었다. 아라베스크는 언제나 이슬람 예술의 주요 요소로서, 이슬람 세계에서 만들어진 모든 대상물에 나타났다.

아라베스크를 창안한 아랍인들처럼 페르시아, 터키, 인도의 예술가들도 이 같은 장식 형태를 사용했다. 그래서 건축 장식의 나무 조각, 돌, 채색된 표면과 도기, 유리, 금속공예, 제본, 도서 채색, 이슬람 카펫 등 다양한 장식에서 아라베스크가 발견된다.

9세기 초 이라크에서 제작된 세라믹 접시의 표면과 이집트에서 제작된 돌 조각과 크리스털 잔 그리고 건축 장식에서도 꽃과 추상적인 선을 모티프로 하는 디자인을 볼 수 있다.

아랍어 서체도 아라베스크와 자주 결합되고 있다. 아라베스크가 서예의 배경으로 등장하기도 하고, 글자 자체가 아라베스크로 끝나는 경우도 있으며, 글자와 아라베스크가 함께 뒤섞이기도 한다.

조잡하고 내구성이 약한 건축 자재와 지진, 취약한 건축기술 때문에 오늘날 이슬람 건축물의 대부분은 사라지고 없다. 그러나 이슬람 전성기 때 지어진 것 중 이슬람 건축의 특징을 잘 보여주는 건물을 살펴보면, 사용된 장식이 무척 화려하였다는 사실을 알 수 있다. 특히 이슬람 동부권 지역에서 그러했다. 건물의 외부는 모두 기하학적 디자인과 아라베스크, 두루마리 무늬와 꽃문양 장식 타일과 광택이 나는 벽돌로 지어졌다. 벽 내부 장식 역시 광택이 나는 타일이 사용되었다.

오스만 사람들은 장식 도안으로 꽃을 선호했다. 그래서 이스탄불의 사원과 궁전의 내부는 마치 화려한 색채의 꽃으로 꾸며진 화원과도 같다. 톱카피 궁전 타일의 장식 도구에도 꽃문양이 많이 쓰였으며, 오스만 도기에서도 튤립, 장미, 카네이션, 히아신스가 발견된다.

아라베스크 디자인은 12세기 이란과 14~15세기 스페인에서 생산된 도기를 장식하기 위해 사람-동물 그림과 혼합되었다.

14세기 중후반에 완성된 스페인 그라나다 지역의 알함브라 궁전은 외부에 비해 내부를 지나치게 호화롭게 장식했다. 궁전의 벽은 타일과 치장벽토 세공의 조화를 보여주고 있는데, 이곳을 본 사람은 누구나 그 복잡성에 놀라게 된다. 내부는 추상적인 선(線) 요소 그리고 아라베스크와 아랍어가 결합된 장식적인 형태의 커다란 아랍어 서체로 치장되었는데, 복잡한 형태인데도 아직도 읽을 수 있을 정도로 남아 있다. 아울러 기하학적 형태의 타일도 함께 볼 수 있다.

　한편 구조 자체보다 장식이 훨씬 중요하다고 간주하는 이슬람 건축처럼, 그림에서도 장식과 배합 무늬에 대한 관심이 드러난다. 이슬람 미술가들은 일상생활에서 소재를 취해 그림을 그리는 대신, 목가풍의 세계 혹은 종교적, 신비적, 도덕적 이상에 의해 채색된 세계를 전달코자 노력했다. 그러므로 이슬람의 그림은 거의 문학적, 역사적, 종교적인 삽화라고 말할 수 있다.

　그런가 하면 무슬림 화가들은 서예가, 채식자(彩飾者)와 함께 도서 예술에 공헌한 많은 이들 가운데 한 사람이다. 필사본 제작 작업을 예로 들어보자. 우선 서예가가 등장하는데, 그는 텍스트를 옮기고 글자를 장식적 요소로 전환시킨다. 그다음 채식자가 책의 표지와 여백을 도금하고 색칠했다. 삽화를 위한 공간이 남아 있는데, 그것은 화가의 몫이었다. 이와 같이 서예가가 빈칸을 남겨 놓고 나중에 화가 또는 삽화가가 그 빈칸을 채우는 것은 이슬람 회화에서 통상적인 관행으로 이어졌다. 무슬림 미술의 특징 가운데 하나가 바로 빨강, 파랑 그리고 노란색 글자와 그림으로 이뤄진 필사본들이다.

예술가들은 이슬람 역사상 모든 시대에 걸쳐 왕실 작업장의 지원을 받았다. 이슬람 통치자들은 문학과 예술 분야의 엘리트들을 제국의 수도로 불러들였으며, 서로 자주 경쟁을 하도록 유도했다. 그래서 여러 곳에 미술학교가 설립되었고, 이를 통해 예술적 전통을 그다음 세대로 이전할 수 있었다.

재현주의 미술에 대한 거부

우리가 이슬람 사원에 들어가서 놀랄 수밖에 없는 첫 번째 이유는 다른 종교와 달리 그 어떤 성화나 성인들의 형상을 전혀 발견할 수 없기 때문이다. 의식을 거행하기 위해 필요한 도구들을 올려놓는 제단도 물론 없다. 모스크의 벽면 장식이나 모자이크 등에서도 형상을 구상적으로 표현하는 것은 배제되었다. 그러므로 성전 내부는 단순하면서도 위엄이 있다. 모스크 바깥에도 이러한 원칙이 지켜져서, 단지 세정을 위한 시설이 있을 뿐이며, 박물관에서조차 조각 작품은 찾아볼 수 없다.

대부분의 이슬람 신학자들은 인간과 동물의 재현은 신(神)만의 특권이며, 그것을 그리거나 만드는 것은 신을 모독하는 행위라고 주장했다. 생물의 상을 만든다는 것은 다시 말하면 미술가가 오직 신만이 가능한 창조 행위를 빼앗는 일이 된다. 왜냐하면 생물에 영혼을 불어넣을 수 있는 것은 신뿐이기 때문이다. 그래서 예언자 무함마드를 포함하여 그 어떤 사람과 동물,

심지어 신이나 천사의 형상을 그린 그림이나 조각도 일체 허용되지 않는 것이다.

이와 같이 이슬람은 구상예술에 대한 거부감을 갖거나 혹은 재현주의적 미술에 적대적인 태도를 취하고 금기시한다. 이는 무함마드의 언행을 수집하기로 유명한 알-부카리가 기록한 하디스에 근거를 두고 있다.

> 천사들은 그림이나 개가 있는 집에는 들어오지 않을 것이다. 아이샤는 어느 날 그림을 수놓은 방석을 샀는데 알라의 사도가 방문 앞에 서서 그것을 보고는 들어오지 않았다고 한다. 곧 그녀는 그의 얼굴에 떠오른 불쾌한 빛을 보고 "내가 무슨 잘못이라도 저질렀느냐?" 하고 물었다.
>
> 예언자는 "그렇고말고. 이 그림을 만든 사람은 최후 심판의 날에 무거운 벌을 받을 것이다. 그 사람은 스스로 만든 그림에 생명을 넣으라는 명령을 듣게 될 것이다"라고 대답했다.
>
> 또한 "최후 심판의 날에 가장 엄격하게 처벌받는 이들은 '예언자를 살해한 자나 참된 앎에서 벗어나도록 유혹한 자와 더불어 형상이나 그림을 만든 사람들'이다"라고 했다.

예언자가 630년 메카를 정복할 때 우상들을 모두 파괴하고 우상숭배를 큰 죄로 다룬 것도 위의 주장의 근거가 될 수 있다. 무슬림은 예언자가 인간과 동물의 묘사에 대해 가졌던 적대적인 태도를 그대로 따르는 것이 바로 굳건한 신앙심을 지키는 방법이라고 생각했다.

여기서 가장 눈여겨봐야 할 부분은 가장 혹독한 벌을 받는 사람 가운데 화가와 조각가가 들어 있다는 것이다. 이 때문에 그들의 사회적인 지위는 낮을 수밖에 없었다. 그들은 고리대금업자, 문신을 새기는 사람, 개를 사고파는 사람 등과 같은 취급을 받았다고 한다.

이슬람 속의 재현주의 미술

이처럼 이론적으로는 무슬림 사회에서 인간이나 동물의 상을 만드는 것은 이슬람의 계율로 금지된다. 하지만 실제에 있어 이 금지령은 대중에게 전시되는 대규모의 재현적 미술에 대해서만 완전한 효력이 있었다. 따라서 몇몇 경우에는 궁전이나 서적에서 재현주의 미술이 나타나기도 했다. 그러나 숭배 장소인 사원에서는 그 어느 곳에서도 인간의 재현이 결코 발생하지 않았다. 그렇기 때문에 종교화에 대한 이슬람의 독특한 전통이나 살아 있는 인물들에 대한 종교적 조각이 없는 것이다.

다만 생물의 상은 그것이 영향을 주지 않을 때나 소규모인 경우 혹은 카펫, 직물, 도자기처럼 일상적으로 사용하는 물체에 적용되었을 때에는 무해하다는 확신이 있었고, 이는 특히 칼리파와 그 밖에 화려함을 좋아하는 이슬람 왕실의 왕자들 사이에서 널리 퍼져 있었다. 그 결과 이슬람 미술에 간혹 나타나는 인간이나 동물의 상이 파괴되지 않고 현재까지 전해져 내려온 것이다.

그러나 그것들은 장식적인 모티프로 전락한 것일 뿐, 본질적으로는 기하학적 또는 식물무늬 장식 이상의 중요성은 없었다. 기독교에서 종교가 예술가들의 작업을 신이 내린 임무로 정당화하는 일에 협력한 데 비해, 이슬람에서 종교는 예술의 억제자 역할을 한 셈이다.

한편 이슬람교로 개종한 유대인들의 대량 유입은 조각과 그림에서 인간을 재현하는 것에 대한 셈족의 전통적인 두려움을 강화하는 결과를 초래하기도 했다.

코란에는 인물의 모티프에 대한 금지를 나타내는 언급이 없다. 그러나 8세기에 극단적으로 우상 금지에 관한 율법을 택하고, 서기 800년경에 비로소 이슬람의 종교문서 속에서 재현 자체에 대한 비판이 시작되었다. 이후 인간과 동물의 형태를 모방하는 것은 더욱 적대시되었고, 종교적 건물이나 코란의 장식에서 자취를 감추었다.

결국 이슬람 내 재현주의 미술은 비 이슬람의 영향, 즉 기독교와 불교 신자들의 영향을 받아 이루어졌으며 아랍인들은 그와 같은 회화 전통을 가지지 못했다. 종교적인 분야와 관련된 이슬람 예술에서는 식물, 기하학적 문양, 서예를 이용한 장식 또는 인물이 없는 풍경 등이 자주 사용되었고, 아라베스크, 서예와 같은 장식미술이 크게 발달했다.

초기 이슬람 시대의 미술

622년 공식적으로 이슬람이 출현하기 이전에 아랍인들은 예술이라고 부를 만한 그 어떤 것도 갖고 있지 않았다. 아름다운 장식으로 사용되는 아랍문자 이외에는 미술에 공헌할 만한 게 아무것도 없었던 것이다. 비록 문자를 가지고 있던 까닭에 비문이 세워지기도 했지만, 책이나 문헌을 만든 것 같지는 않다.

사실 아랍인들 대부분이 유목민이었으므로 기념비적인 예술을 만들 환경을 가질 수도 없었다. 이슬람은 초기의 기독교와 달리 시각예술을 전혀 필요로 하지 않았다.

이슬람이 출현하고 예언자 무함마드와 4대에 걸친 정통 칼리파 시대(632~661)의 지도자들은 메디나가 이슬람 중심지로 확고히 자리 잡도록 노력했으며, 아라비아 이외의 지역으로 이슬람을 전파하는 데 바빠 다른 일에는 신경을 쓸 여념이 없었다.

때문에 이슬람 공동체의 확대와 더불어 건축물의 건립과 장식에 필요한 자원을 제공한 사람은 비잔틴, 콥트, 사산, 중앙아시아인 등 정복지의 숙련된 장인과 예술가들이었다. 그들의 발전된 문화는 이슬람 초기에 그 영향력을 인정받았고, 나름의 특징도 갖고 있었다.

당시 예술가들은 다양한 국적을 갖고 있었으며, 반드시 이슬람 신자, 즉 무슬림이었던 것은 아니었다. 이 시대의 예술이란 이슬람 통치자들의 보호 아래 이슬람 국가에서 생산해낸 예술품이었다. 따라서 엄밀히 말하자면 초기 1~2세기 동안 나타난 이슬람 스타일에 대해 언급한다는 것은 다소 힘든 일이다.

초기의 이슬람 미술가들은 고유의 회화 전통을 가지고 있지 않았기 때문에 비잔틴 제국과 이란 사산 제국 등 정복 지역의 문화가 제공하는 모델을 사용했다. 그러나 그들은 이를 점차 비잔틴 제국이나 페르시아 회화가 아닌 그들 자신의 예술로 만들어갔다. 즉 이슬람 문명에 공헌한 모든 문화의 전통을 새롭게 결합한 것이다.

우마이야 왕조(661~750) 시대는 건축 분야와는 달리 금속 세공, 직물 직조, 필사본 채색 등 장식미술에 관하여 알려진 것이 거의 없거나 빈약하다. 이슬람 시대에 처음 등장하는 회화라는 것은 의학 논문, 동물에 관한 책 그리고 서정시 몇 권 등 제한된 범위 내에서 그려진 삽화들뿐이다. 그나마 이것도 이런 특정한 주제들이 삽화를 필요로 했기 때문이었다. 예를 들어 의학 같은 과학 서적에는 이해를 돕기 위한 그림이 삽입되어야 했다.

이 시대의 세속적인 그림 중에 현재까지 남아 있는 것은 꾸사이르 암라 궁전에 있는 것이다. 칼리파 알-왈리드 2세의 치적으로 추정되는 요르단 암만 동부의 꾸사이르 암라 궁전 목욕탕은 프레스코 화법의 벽화로 유명하며, 아직도 벽화 두 개가 남아 있다.

무슬림 종교 그림은 14세기 초가 되어서야 출현했다. 가장 오래된 완성품이자 오리지널 그림은 1330년부터 1550년 사이에 등장한 것으로 여겨진다. 따라서 8세기부터 13세기 동안 이슬람 세계의 회화가 걸어온 운명은 거의 알려지지 않았다. 가장 큰 이유는 모든 형태의 재현주의적 예술에 대한 신학자들의 적대감으로, 이러한 적대감이 예술의 발전을 저해했던 것이다.

그러므로 회화의 전통은 이슬람교가 아닌 다른 종교를 믿는 화가들에 의해 유지된 것이 분명하다. 실제로 비잔틴의 화가들이 때때로 아랍인 통치자들을 위한 작업에 동원되었다. 이는 이슬람의 종교화가 외부의 손을 빌려 겨우 이루어질 수 있었다는 것을 말해 주는 부분이다.

알라 앞에서 화가들이 배척을 받았던 것과 달리, 필사자는 당시 이슬람 신자에게 아주 명예로운 직업이었다. 특히 코란의 필사본은 무척이나 신중한 계획 아래 작성되었고, 선 하나하나에도 온갖 정성을 기울였다.

거의 8세기에 발생하여 이슬람에서 가장 칭송받는 예술이 된 서예는 예루살렘에 있는 바위의 돔 성전에 모습을 드러내기 시작했다. 이것은 비문(碑文)의 형태이긴 하지만 분명히 장식적인 기능을 보여준다. 이처럼 장식적인 아랍어 명문을 만드는 전통은 이슬람 초기 건축물은 물론 후대의 수많은 건축에서도 쉽게 찾아볼 수 있다. 모스크에서 아랍어 문자는 일반적으로 돔 아래나 벽감 주변 또는 출입구 주위에서 발견된다. 이 서예야말로 오롯이 이슬람적인 예술이며, 이슬람 회화에 끼친 영향도 크게 평가받을 만하다.

무슬림은 인간과 동물의 재현을 통해 표현할 수 없는 미학을 나타낼 경로로 서예를 선택했다. 아마도 서예가 단 하나의 순수 아랍 예술이라고 해도 과언이 아닐 것이다. 서예는 과거는 물론 현재 모든 무슬림들이 가장 고귀하게 간주하는 예술이기도 하다. 이처럼 아랍어 글자는 장식적 디자인에 크게 한몫 차지하면서 이슬람 미술에 하나의 강력한 모티프가 되었으며, 심지어 종교적인 상징이 되기도 했다.

압바스 왕조와 미술

고대부터 장식 디자인과 색채 전문가로 인정받는 페르시아 사람들은 압바스 시대(750~1258)에 이슬람의 산업 공예가 매우 높은 우수성을 자랑할 수 있도록 만든 장본인들이었다.

이 시대에는 특히 카펫이 크게 발전했다. 본질적으로 이슬람 미술에 속하는 카펫의 디자인으로는 사냥하는 모습과 정원 풍경이 선호됐으며, 염색에는 명반이 사용됐다. 카펫은 원래 중앙아시아 터키 유목민들에 의해 제작되었는데, 그 이후 그들이 중동으로 직조 기술을 가져와 16세기에 이란에서 완벽한 형태의 카펫이 처음으로 만들어진 것으로 알려져 있다. 그리고 이후부터는 전 지역에서 카펫이 보급되고 생산되었다. 이와 같은 동양풍의 카펫은 르네상스 이후부터 유럽의 회화에 많은 영향을 끼쳤다. 흔히 파랑, 초록, 빨강, 노랑 중 두 가지 색조를 선택해 채색하며, 중앙은 기하학적 문양으로 가장자리는 쿠파체로 장식했다. 그러다 점차 기하학적인 도안인 아라베스크로 바뀌어갔다.

한편 기하학적 문양 이외에도 인간의 형태나 동식물을 그려 넣은 세라믹이 장식적 스타일의 아름다움을 획득했다. 또 페르시아로부터 다마스쿠스에 소개된 타일은 전통적인 꽃문양으로 꾸며져 건물 내외부 장식에 쓰였고, 모자이크와 함께 큰 인기를 끌었다.

유리와 도기 등 공예 분야는 이 시대에 특히 이란, 이집트 그리고 시리아를 중심으로 최고조에 이르면서 일상생활의 도구를 창의적이고 아름다운 예술작품으로 만들어갔다. 은이나 금으로 만든 그릇을 성당 예식에 사용한 기독교 사회와는 달리, 이슬람 사회의 사원에서는 그런 물건을 필요로 하지 않았다. 때문에 오늘날까지 전해지는 공예품들은 모두 일상생활에서 사용되던 사치품들이다. 이슬람의 도공들은 다른 분야의 장인들과 마찬가지로 색과 질, 문양 등과 같은 외형적 장식을 선호했다. 이처럼 정교한 외형에 대한 선호는 이슬람 미술을 특징짓는 불변의 요소 중 하나이다.

압바스 왕조 이후의 미술

군소 왕국으로 분할되어 명목상으로 칼리파를 유지하던 압바스 왕조는 크게 몽골 시대와 맘루크 시대로 양분되며 정치적으로 불안한 시기를 보냈다. 그러나 이에 비해 문화적으로는 건축과 장식미술에서 발전이 있었다. 대체적으로 보면 비약적인 향상은 아니었지만, 빛나는 전통을 그대로 계승·유지할 수 있었다. 덕분에 이슬람 후기에 제작된 예술품들은 비교적 상당수가 원형대로 보존되어 있다.

13세기는 이슬람 역사의 분수령이었다. 몽골인들이 이슬람 세계를 침공하고 이슬람 세계 동부 지역에 일한국을 세웠던 것이다. 예술의 중심지들이 약탈당하고 파괴되었다. 하지만 예술 활동이 완전히 중단된 것은 아니었다. 샤먼을 믿었던 그들은 이슬람으로 개종하고 이슬람의 든든한 후원자가 되었다. 따라서 예술가들이 새로운 중심지로 몰려들 수밖에 없었다. 그리고 이는 오히려 몽골인들을 통해 극동의 사상과 예술이 이슬람 세계로 전해지는 계기가 되었다. 몽골인들의 뒤를 이어 티무르 왕국도 이슬람에 그들의 예술과 문화를 남겼다.

맘루크 시대에는 금속 공예품의 생산이 증가하고 상감 세공 기술의 발달도 두드러졌는데, 나스키체와 문장 화법이 주요 장식 테마로 이용되었다. 카펫 중에는 특히 적색 바탕에 별, 삼각형, 팔각형 등 기하학적 문양을 넣은 디자인이 발달했다.

12세기 말부터 아유브 왕조의 부상과 함께 시리아가 사상과 문화의 중심이 되면서부터 이집트와 시리아는 가깝게 결속했다. 그래서 카이로의 맘루크 통치자들이 선호했던 몇몇 세밀화는 시리아에서 그려지기도 했다. 맘루크 술탄들의 후원하에 만들어진 세밀화는 대단히 아름다웠고, 이는 14세기 후반까지 이어졌다. 세밀화 속 인물들은 일반적으로 인형 같고, 그림은 해설적이라기보다는 눈에 띄게 장식적이다.

방랑자 영웅의 상상 속 모험을 묘사한 인기 있는 아랍 고전이자 코란 다음가는 아랍어의 보고로 알려진 알-하리리(1054~1122)의 『마까마Maqamat』 필사본 세밀화는 13세기 후반에 등장한다. 필사본의 그림 가운데 환대받는 왕을 표현한 부분에는 사실주의적인 느낌이 전혀 없다. 왕 주변에 장식적인 형태로 인물들이 배열되어 있으며, 자연스레 그림을 보는 시선은 환대받고 있는 왕의 모습보다는 장식 같은 배경에 주목하게 된다. 그들은 비잔틴 양식을 모델로 한 비 무슬림들로, 이슬람 회화가 타 문화의 영향을 받았다는 것을 보여주는 예이다. 이 작품은 삽화가 수록된 대표적인 픽션 작품이며, 책 속 주인공들이 책 속 이야기의 세계보다 독자의 세계에 더욱 가깝게 묘사되어 있다. 이것은 아랍어 교본으로 사용된 서적에 수록된 삽화가 어린아이들의 흥미를 유발하고, 책의 줄거리를 쉽게 이해할 수 있도록 도움을 주는 역할을 했다는 것을 다시 한 번 알려준다. 특히 이 책의 삽화는 당시 사람들의 사회·경제적인 삶에 대해 말해줌으로써, 중세 이슬람 세계의 일상적인 삶을 드러낸다.

시인 피르다우시(935~1020년경)가 쓴 『샤흐나마Shahnamah』는 왕들의 책이라 불리는데, 이슬람 문학을 통틀어 다른 어느 작품보다 눈부시고 풍부한 삽화 소재를 제공함으로써 수 세기 동안 회화의 소재가 된 것으로 유명하다. 픽션에 삽화를 수록한 예는 비교적 드문데, 『샤흐나마』『캄사』『마까마』 등에서 자주 삽화가 수록되었다. 이 장시는 처음에는 구전되다가 제본 후 여러 번 복사됐다. 현재 14세기 초에 복사된 필사본만이 남아 있는 상황이며, 이때부터 삽화가 삽입된 것으로 받아들여진다.

화가들 중 어떤 이는 풍경 그림을 전문적으로 취급했고, 또 어떤 이는 특정한 형태의 형상이나 전투 장면을 그렸다. 때때로 하나의 세밀화를 제작하기 위해 공동으로 작업하는 일도 있었다. 어떤 그림들은 설득력 있는 이야기와 깊은 감정의 움직임을 매우 성공적으로 전달하고 있다. 하지만 그와는 반대로 어떤 그림은 시의 생동감을 감소시키기도 한다. 이것은 아마도 주제에 접근하는 방식과 앞으로 자세히 설명할 이야기의 상황에 관해 어떤 선택을 취할지가 예술가 개인의 판단에 의해 크게 좌우되기 때문일 것이다.

『샤흐나마』 삽화로 우리가 알 수 있는 것은 몽골 통치 아래 일어난 동서간의 빈번한 교류를 새로운 예술적 경향으로 통합하려고 노력했다는 사실이다. 13세기 말과 14세기 초에 지리적으로 가장 중요했던 지역은 일한국의 수도가 있던 이란의 북서 지방으로, 이 지역의 회화는 몽골 스타일의 발전에 극동이 명백하게 영향을 주었다는 것을 보여준다. 주제의 처리, 여러 색으로 칠한 불사조, 정교하게 그린 나무와 꽃 그리고 물은 분명 중국의 영향을 받은 것이다.

세밀화 부분에서도 새로운 양식이 나타났다. 페르시아와 중국의 화가들이 양식과 기술을 교환하면서 양측이 모두 좋은 결실을 얻은 것이다. 이때부터 다양하고 깨끗한 채색이 무슬림의 그림에 도입되었고, 극동의 요소가 가미되어 풍경, 특히 바위·나무·구름 등이 혼합됐다. 그래서 15세기와 16세기에 제작된 세밀화는 티무르 왕실의 옥외 문화를 고증할 수 있는 자료로 평가되고 있다.

몽골 왕조 말기 이후에는 화가들을 위한 소규모 미술학교가 여러 지역에 다수 설립됐다. 당시 그려진 그림 중에는 어떤 인물이 중요시되고 어떤 인물이 덜 중요시되는지에 대한 판단 없이 오로지 행동만 묘사하는 것이 얼마나 어려운지 잘 보여주는 그림이 있다. 그런 그림은 인물의 크기가 모두 같고, 세부 사항이 개개인에게 똑같이 적용되기 때문에 우리의 눈을 난처하게 만든다.

또 당시의 그림은 모든 공간을 채우며 인물과 동물을 대규모로 묘사하고 가로로 배열하는 경향이 있었다. 이런 그림은 마치 악의적으로 작은 무대에 너무 많은 배우들을 몰아넣은 무대 설계처럼 혼잡한 느낌을 준다. 이 단점은 종국에는 그림을 세로로 길게 하여 인물들이 이동할 공간을 넉넉히 제공하는 기법(높은 시계선)을 도입함으로서 해결되었다. 이것은 처음에는 간단하게 사용되었으나 점차 그림을 더 복잡하고 상세히 그릴 수 있는 수단을 제공했다. 이를 통해 초창기부터 이슬람 회화에 있었던 경향을 발전시켜 더욱 복잡하게 만든 장식 모양의 그림이 출현했다.

사파위 왕조에는 15세기부터 활동한 이슬람 미술세계에서 가장 위대한 화가 또는 풍속화의 대가로 평가받는 몽골 티무르국 출신 비자드(1480~1536)의 세밀화 스타일이 계속 존속하고 있었다. 그러다 15세기 중반부터는 또 다른 페르시아 문학작품이 삽화로 인기를 얻으며 『샤흐나마』와 경쟁했다. 그것은 바로 시인 니자미(1140년경~1202년경)의 시집인 『캄사Khamsah』였다. 이것은 5편의 시를 모은 것으로 분량은 『샤흐나마』의 3분의 1밖에 안 된다. 하지만 채식과 삽화로 화려하게 장식된 까닭에 15세기 이후 페르시아 문학에서 가장 사랑받는 작품의 하나가 되었다.

이 다섯 편의 서사시 가운데 가장 난해하고 신비주의적인 '하프트 파이카르(일곱 초상)'는 사산 제국의 황제 바람 구르를 이상적인 왕으로 교육시키는 내용으로, 이 이야기는 그가 사랑의 일곱 가지 속성을 상징하는 일곱 공주를 만나는 장면에서 절정에 이른다. 현재 이 서사시에 삽화를 더한 수백 편의 판본이 전해지는데 서체와 채식의 아름다움 때문에 오랜 세대를 거쳐 전해질 수 있었다.

15세기 후반기에 가장 특징적인 사건은 몇몇 화가들이 자신들의 작품에 처음으로 서명을 하기 시작했다는 것이다. 첫 번째로 니자미의 삽화에 서명한 화가는 루홀라 미락으로 알려졌으나, 비자드가 그들 가운데 제일 유명한 화가였다.

페르시아의 회화 기법은 15세기에 절정에 달했는데, 이때는 비자드가 예술비평의 대상이 된 최초의 예술가로서 헤라트와 타브리즈에서 활약하고 있었을 때였다.

그가 최초의 비평 대상 작가가 되었다는 것은 여러 가지 의미를 내포한다. 이는 무엇보다도 그의 그림 솜씨가 뛰어났다는 점을 말해준다. 여기에 더해 그동안 화가의 지위가 시인이나 서예가보다 낮은 데다, 화가의 이름이 실명으로 등장하지 않아 후원자를 부각시켰던 관행도 한몫했을 것이다.

비자드는 전설적인 화가이자 선각자인 마니교의 창시자 마니와 비교되기도 했다. 삽화를 통해 본 그의 그림은 모두 보석같이 영롱하고 완벽한 조화를 이룬 색감을 강조한다. 그는 주로 초록색과 청색을 사용하면서 밝은 오렌지색을 가미했고, 당시 예술과 사회를 지배하고 있었던 신비주의적 사상을 그림 속에 담아내고 있다는 평가를 받는다. 게다가 그의 화풍은 당대의 다른 화가들보다 더 강렬하고 드라마틱하다. 또 꿈처럼 매혹적인 세계에서 사는 것을 만족해하는 다른 화가들보다는 일상생활의 문제 그리고 개인과 그들의 캐릭터에 분명히 더 많은 흥미를 나타냈다.

비자드와 그의 제자들의 회화 기법은 추후에 인도의 무굴과 라즈파트의 예술가들에게 지대한 영향을 끼쳤다. 그의 그림 중에서는 특히 전투 장면이 탁월하다고 알려져 있는데, 현재에도 그가 서명한 소수의 세밀화가 남아 있다.

15세기에 들어서면서 이슬람 세계에서 세력을 확장한 오스만인들은 지중해와 중동의 새로운 강자로 부상했다. 15세기 중반 콘스탄티노플의 오스만 정복자들은 이전에 비잔틴 수도였던 이곳에(이후 이스탄불로 개명됐음) 궁전 회화학교를 설립해서 예술가들을 후원했다. 특히 이 시대에도 여전히 최고의 예술로 평가받은 서예와 세밀화 분야에서 큰 진전이 있었다.

터키의 서예가와 채식자들은 새로운 스타일을 개발했다. 오스만 터키 술탄들은 이탈리아 화가들을 초청하고, 터키 예술가를 이탈리아로 유학 보냈으며, 페르시아로부터 화가들을 데려오기도 했다. 그 결과 터키에서 엄청난 양의 작품들이 페르시아 스타일을 모방해서 제작되었다. 하지만 터키 세밀화는 페르시아의 세밀화보다는 단순했다.

오스만 제국의 그림은 당대의 역사나 술탄의 인생과 일상적인 도시 생활을 설명하는 경향을 보였고, 목가풍의 페르시아 그림에서 발견할 수 없는 현실성을 드러냈다. 이와 같이 터키 그림이 보여주는 독특한 사실주의는 다른 무슬림 집단, 즉 무굴 인도 그림과 경쟁 구도에 놓였다.

16세기 초 티무르 왕조의 후손들은 중앙아시아에서 밀려나와 북부 인도에 거점을 마련한 뒤 초기에 다소 어려움을 겪었다. 하지만 이후 북부 인도 전체를 통치하는 무굴 제국을 세웠고, 후기 세 이슬람 왕조 중에서 가장 부유한 제국이 되었다.

제국의 위대한 창시자인 바부르(1483~1530)는 칭기즈칸 혈통임을 자처하면서 화가들을 찬미하고 후원한 것으로 유명하다. 그래서 그를 위해 여러 필사본이 만들어지기도 했다.

타브리즈의 비자드 밑에서 수학한 미르 알리는 1550년에 카불과 델리로 건너가 소위 인도·페르시아 미술학교를 창립하는 데 큰 공헌을 했다. 그 결과 인도에서 초기의 그림 양식은 페르시아 전통을 따랐다. 그러나 인도는 점차 페르시아와는 다른 독창적인 스타일을 확고하게 발전시켰다.

인도의 무슬림 화가들은 오스만 화가들처럼 역사적 사건,

전투 장면, 궁전 생활 그리고 사냥 장면을 그렸다. 또 황제의 사생활, 그의 하렘(Harem)이나 가족 그리고 황제들의 실제 묘사를 통해 무슬림 상류계급의 실생활을 기록했다. 그들은 화풍에서도 사실주의적인 화풍을 발전시켰고, 초상화에 커다란 관심을 나타냈다. 이는 무슬림 화가들과 페르시아 화가들과의 차이점이다.

한 예로 가파른 언덕에서 대포를 밀고 있는 군인들과 소떼를 그린 그림은 악바르 황제의 라자스탄 원정 시 실제로 발생했던 역사적 사건을 묘사하고 있다. 이 그림은 수백 명의 인물과 나무, 황제의 야영지와 수행원들, 언덕 꼭대기에 서 있는 황제의 모습 등의 세부 사항 이외에도 군사원정의 고난과 혼란, 당황스러움을 말해주고 있다. 강렬하고 짙은 색채는 인도 전통에서 유래된 것으로, 페르시아 그림에서 발견되는 색의 구성과는 매우 다르다.

이슬람 회화의 대부분이 환상의 세계와 그 사상을 솜씨 있게 전달하는 데 비해, 악바르 황제의 아들 자한기르 황제의 그림은 황제가 페르시아 샤와 평화로운 관계를 가지려는 소망을 매우 신중하게 표현해냈다. 페르시아의 샤보다 조금 더 키가 크고 당당한 자한기르는 다소 유순하게 화답하는 샤를 포옹한다. 샤가 양 위에 서 있는 것에 비해 황제는 사자 위에 우뚝 솟아 있는데, 이는 그들의 상대적인 힘에 대한 그의 간절한 열망을 표현한 것이다.

그런데 무굴 제국의 초기 회화가 사실주의적인 데 비해, 자한기르 황제 후기 시대에 그려진 그림들은 비유적인 면을 보여준다. 특히 부와 권위를 상징하는 화려한 장식물을 배경으로 한 저명인사들의 초상화가 눈에 띈다.

16세기 중반에 터키와 이란, 양쪽 모두에서 필사본 서적을 후원하는 위대한 시대가 도래했다. 삽화가 수록된 서적은 무라까(muraqqa, 증정 선집)에 자주 실린 한 쪽짜리 선화(線畫)와 그림으로 대체되기도 했다. 이보다 더욱 오래된 삽화가 수록된 서적은 이러한 문학 선집을 채우기 위해 해체되어 무단으로 사용되기도 했다.

이처럼 단 한 장으로 된 서예나 그림에 대한 수요가 새로이 생겨났다는 사실은 화가들이 이제 황제의 후원에 덜 의존할 수 있다는 것을 의미했다. 다시 말해 시장 예술의 시대가 도래해 더 넓은 시장을 확보할 수 있게 된 것이다. 이런 변화는 후원의 형태가 바뀐 것을 반영하기도 하지만 예술가 개인의 성취에 대한 인식이 달라졌다는 것을 의미하기도 한다.

역사적 로맨스라는 삽화의 주제는 페르시아에서 점차 인기가 떨어졌으며, 16세기 말과 17세기에 이르러 시대의 취향은 전투 장면을 묘사하는 것에서 벗어나 인물 한 사람이나 목가적인 장면의 연구로 바뀌었다.

그러나 17세기 중반 이후 이슬람 세계의 회화는 분명히 쇠퇴하고 있었다. 이는 당시 금속공예, 직물, 타일, 유리병, 비단, 카펫 산업이 발전한 것과는 다른 점이다.

17세기 이전부터 페르시아 회화는 유럽의 영향을 받았는데,

이러한 영향은 17세기 중반 유럽인과 페르시아 화가들이 직접 접촉하면서부터 한층 강화됐다. 그러나 이는 결국 페르시아 회화에 불행한 결과를 가져왔다. 페르시아 화가들이 빛과 음영을 사용하여 유럽의 원근법과 입체적 표현을 시도했지만, 크게 만족스럽지 못한 결과를 가져왔기 때문이다. 그림 속 인물들은 옛 페르시아 세밀화보다 커 보였지만 생생한 느낌을 주지 못했으며, 함께 먹고 마시는 사람들의 모습도 마치 긴장이라도 한 듯 어색해졌다. 이것은 어쩌면 새로운 유럽식 주제와 기법에 대한 페르시아 화가들 스스로의 반응을 말해주는 것일지도 모른다.

당시 오스만 화가 중 한 사람인 레브니는 술탄 아흐마드의 딸의 결혼 장면을 묘사한 걸작을 남겼다. 그러나 유럽 화단의 강력한 영향을 받아 활동하였기에 결국 오스만 회화의 특성을 완전히 파괴하는 등의 진통이 이어졌다. 이처럼 이슬람 예술을 만들어낸 가치들은 이슬람 세계의 다른 영역과 마찬가지로 점차 사라지고, 서구의 개념과 기법에 압도되고 있었다.

현대미술의 양상

카말 발루타는 「현대 아랍 미술」이라는 논문에서 현대 아랍 미술은 3단계의 전환기를 거치며 유럽 미술을 모방했다고 주장했다. 특히 현대 아랍 화가들이 과거 예술의 영광을 부정하면서 서양미술을 모방하기 시작했다고 한다. 그들은 이슬람이 생물의 재현을 금지하기 때문에 예술 전통의 기초를 제공하지 못했다고 언급하며, 이것이 과거와 단절해야 하는 이유라고 설명한다. 한편 분석가들은 아랍인들이 예술적 전통을 고수했던 경향을 설명하기 위해 예술가들이 비 재현적 형태의 기하학적 특성에서 정당한 출구를 찾았다고 강조하기도 한다.

중동의 현대식 건물을 보면 여전히 고유 장식이 자유로이 사용되고 있다는 것을 알 수 있다. 하지만 사실 그것들조차 이미 서양에서 영감을 받은 것들이다. 그뿐만 아니라 새로운 사무실과 행정 건물들은 자주 서양인 고문들의 도움을 받아 건설되고 있다.

그러나 물론 쇠퇴와 함께 성장도 있었다. 이슬람 예술가들은 자신들의 주변 세계를 어떻게 바라봐야 하는지, 또 새로운 서양의 기법을 어떻게 자신들의 예술에 적용할지를 배우는 중이다. 그들은 이제 자신들의 주제를 세계적으로 예술을 발전시키는 것뿐만 아니라 중동 국가 각각의 문제들에 초점을 맞추고 있다. 그래서 인간의 삶과 자연을 함께 관찰하며, 사회의 부정적인 측면과 가난한 자의 고통까지 다루고 있다.

과거의 예술가들은 궁전의 세련된 분위기와 왕실의 취향을 위해 일했지만, 현대 예술가들은 자신들의 예술을 정치적 견해를 표현하는 데까지 이용한다. 이 때문에 간혹 그들의 조국에서 강제로 추방당하는 경우도 있다.

신구간의 충돌은 복잡한 양상을 띤다. 전통적인 예술가들은 이슬람 유산을 고집하는 한편, 다수의 현대 미술가들은 놀라울 정도로 다양한 형태의 작품 활동을 펼치고 있다. 서예식 표현을 어렴풋이 연상시키는 특별한 작품이 있는가 하면(비록 모양은 훨씬 크고 무뎌져서 옛날처럼 섬세한 서체를 찾아볼 수는 없지만), 컴퓨터로 인쇄한 포스터도 제작되고 있다. 또한 여성을 주제로 다룬 작품과 인간관계를 새롭고 비 낭만적인 방법으로 표현해낸 그림이 이라크와 쿠웨이트에서 발견되고 있다. 한편 레바논에서는 구상적이지 않은 전통 이슬람 미술과는 달리 최근 추상과 구상적인 묘사가 혼용되는 독창적인 기법을 사용하여 주목받고 있다.

현대 무슬림 예술가들은 자신들의 유산과 현대의 세계적 화법 수용 문제에서 갈등을 겪고 있다. 현대 이슬람 미술이 더 이상 아라베스크 미술이 아닌 것은 분명하다. 그러나 그것을 대체할 이슬람 미술의 특징이 무엇인지는 아직 뚜렷하지 않다는 주장이 좀 더 설득력 있어 보인다.

이슬람 제국의 상징물 : 이슬람 건축

　이슬람 건축물은 이 지구상에 가장 널리 퍼져 있는 세계적 예술 가운데 하나이다. 아랍-무슬림들은 특히 이슬람 시대 초기부터 그리스-로마 그리고 페르시아의 미술과 건축의 전통을 계속 이어받아 그것들을 다시 풍부하고 색다른 것으로 변형시켰다. 무엇보다도 무슬림들은 이슬람 제국을 건설하면서 이슬람 지역이라는 사실을 알려주는 독특한 건축물 모스크와 궁전, 요새, 무덤 등의 대표적인 건축 업적을 이룩했다. 이슬람 예술에서 가장 중요하고 대표적인 건축물인 모스크는 일반적으로 예언자 무함마드가 메디나에 세웠던 모스크의 구조와 동일하다. 그러나 무함마드 이후 돔, 첨탑, 기둥, 아치, 주랑, 타일, 모자이크 그리고 비잔틴과 페르시아, 콥트, 중앙아시아의 건축양식에서 모방한 구조와 장식기술을 발전시킨 사람들은 정복지의 우수한 건축가와 장인들이었다.

이처럼 구조와 장식 면에서 이슬람 예술이 발전할 수 있었던 것은 무엇보다 무슬림 사회가 갖는 높은 사회적 이동성 때문이다. 크고 작은 집단과 개인들이 스페인과 모로코의 서부에서 중앙아시아와 인도에 이르는 동부에 이르기까지 광대한 무슬림 공동체 안에서 하등의 장애를 받지 않고 쉽게 이동할 수 있었다. 또 자신의 출신 지역이 아닌 다른 지역에서도 창조적 활동을 펼칠 수 있었다. 건축가나 공예가 또는 장인들의 이동은 칼리파나 고관대작들에 의해 강제로 차출 또는 징발되는 경우에 이루어졌다. 또 이와 달리 좀 더 나은 경제적 생활을 위해서라든가 예술적 취미를 갖고 있는 후원자 칼리파의 초대에 의한 자발적인 경우가 있었다.

이런 강제 이동은 이미 우마이야 왕조 시대부터 존재했다. 칼리파 알-왈리드 1세는 메디나 모스크를 보수·복원하기 위해 시리아, 이집트 등지에서 그리스 동방 정교회 신자들과 콥트족 장인들을 동원하였으며, 다마스쿠스 모스크를 짓기 위해 이집트 기술자들을 강제로 차출했다(기독교를 믿는 이집트의 콥트인들은 당시 뛰어난 건축가라는 명성을 갖고 있었다). 압바스 왕조에 들어서 사마라에 신수도를 건설할 때도 장인들이 동원되었고, 1370년에 티무르 제국을 건설한 몽골의 위대한 정복자 티무르도 예외는 아니었다.

모스크는 이슬람에서 예술의 여왕으로 군림한 대표적인 종교생활의 중심이자 정치적, 사회적 모임의 장소이다. 특히 기독교 교도들이 사는 지역에서는 그들을 압도하기 위해서 더욱 규모가 큰 모스크를 지었다.

건축학적으로 볼 때 모스크에는 기독교 교회나 성당과는 판이하게 다른 특징적인 요소들이 있다. 모든 모스크는 메카의 카바 신전을 향해서 세워졌다. 무슬림들은 메카를 향해 어깨를 나란히 하고 횡대를 이루어 길게 도열해 예배 의식을 거행한다. 이러한 배치는 메카를 향해 가깝게 자리 잡으려는 욕구의 반영이며, 이슬람에서 크게 지향하는 평등성에도 부합하는 행위이다. 자연적으로 모스크는 가로가 길고 세로는 짧은 구조를 가진 형태로 만들어졌다.

이슬람 이전의 건축

최초의 아랍 건축은 아랍 남부 지역 예멘에 존재했던 것으로 알려져 있으나 유감스럽게도 이와 관련된 충분한 자료가 없다. 이슬람이 출현하기 이전에 당시 고도로 발달된 농업용 건축물인 마리브 댐이 있었으나 이슬람 세계에 영향을 끼치진 못했다. 즉, 남부 아랍 건축은 북부 지역에서 많은 역할을 할 수 없었다.

아랍인들의 이상적인 주거는 텐트였고, 오아시스 주변의 주민들은 태양에 말린 벽돌, 야자나무, 점토 등으로 평지붕을 한 조악한 건축물에서 살았으며 장식과 꾸밈을 하지 않았다. 메카의 신성한 카바 신전조차도 뚜껑이 없는 원시적인 입방체 구조에 불과했다. 아랍인들은 대부분 물과 오아시스를 찾아다니는 유목민이었으므로 기념비적인 건축물을 만들지 못했던 것이다. 지방에서 볼 수 있었던 신들의 조상(彫像)도 예언자의 우상숭배 금지령에 의해 사라져 버렸다. 원래 이슬람은 초기 그리스도와 달리 시각 예술을 전혀 필요로 하지 않았다.

이슬람 초기의 건축

예언자 무함마드와 4대 정통 칼리파 시대에 건축물(종교용이든 비 종교용이든)의 건립과 장식에 필요한 자원을 제공한 사람은 비잔틴, 콥트, 사산인, 중앙아시아인 등 정복지의 숙련된 장인과 예술가들이었다. 그들의 문화는 이슬람 초기에 상당한 영향력을 행사했다.

예언자는 종교예술을 자극할 어떤 의사도 갖고 있지 않았다고 한다. 원래는 일일 기도를 위한 모스크 건립 의사도 없었지만, 자연스레 그의 메디나 집이 공공건물, 즉 무슬림의 집합 장소이자 사원이 되었다. 후대 모스크의 기본 형태 또는 모델이 된 그의 집은 가장 성스러운 장소의 하나가 되었고, 이후 계속 확충되고 개축되었다.

다른 지역에서 건설되는 모스크는 외래문화와의 융합을 통하여 새로운 예술 형태를 선보였다. 아무래도 제국으로 성장한 후부터 종교적, 사회적 중심지로서의 위상을 드러내기 위해 건축양식의 변화가 필요했을 것이다.

무슬림들은 이슬람이 급속도로 확산됨에 따라 정착하는 곳마다 금요일의 집단예배를 드리기 위한 건물을 가장 먼저 건설했다. '엎드려 절하는 곳'인 마스지드는 무슬림들에게 가장 중요하고 필수적인 건물로서, 622년 메디나를 시작으로 바스라, 쿠파, 푸스타트(현재의 카이로), 예루살렘 등지에서 속속 건립되었다. 이 같은 모스크는 무슬림들이 만든 가장 중요한 건물로, 이슬람 예술은 모스크에서 성장했다고 말할 수 있다.

이슬람 모스크의 최초 모델은 예언자가 메디나로 이주한 해에 건립한 메디나 모스크로서, 진흙 벽돌과 야자나무 줄기가 사용된 건물이었다. 그러나 여기에 점차 몇 가지 새로운 요소들이 도입되었다. 모스크 내부에는 메카를 가리키는 기도 방향인 끼블라 벽 중앙에 둥글고 약간 안으로 패인 공간인 미흐랍, 즉 벽감이 있었다. 성스러운 제단이 아닌 것이 분명한 이 벽감의 모습은 706년에서 707년 사이에 모스크를 재건할 때 처음 나타났는데, 예언자 시대에는 끼블라 벽에 그린 그림이나 중앙에 놓인 돌로 구분했다. 이 벽감은 전 세계 이슬람 사원에서 기도를 인도하는 이맘이 서 있어야 할 곳을 정해주는 기준이 되었다. 덕분에 신자들은 사원에 가서 기도하는 방향 때문에 우왕좌왕할 필요가 없게 되었다.

이맘의 설교단은 단순한 형태로 벽감 오른쪽에 있었는데, 이는 나중에 보편화되었다. 보통 이곳은 돌이나 나무로 꾸몄는데, 점차 상아나 자개 또는 다른 종류의 나무로 아름답게 장식하게 되었다. 나머지 모스크들도 메디나 사원의 형태를 일반적으로 모방한 원시적 건물들이었는데 썩기 쉬운 자재, 즉 목조로 된 원시적 구조물이어서 당시의 기념물은 현존하지 않는다.

우마이야 왕조 시대의 건축

왕조의 초기 칼리파들은 제국 내에 일어난 반란을 진압하며 정권을 유지하는 데 급급했기 때문에 사실상 건축에 관심을 가질 여유가 없었다. 왕조의 근간을 확립한 후 건물을 점차 아름답게 짓기 시작한 것은 압둘 말리크가 5대 칼리파로 등극했던 때였다. 그리고 제6대 칼리파 알-왈리드 1세 시대에 이르러 비로소 종교적 건축 면에서 이슬람 건축양식이 확립되었다. 이때는 시리아인의 협력이 많았던 시기로, 모스크의 표준형은 역시 메디나의 예언자 모스크였다. 이 시대 건축물은 종교적인 것이든 세속적인 것이든 비교적 다수가 현존한다.

칼리파들이 예루살렘과 시리아에서 이 지역의 장엄한 기독교 교회들보다 훌륭한 모스크를 짓도록 명령한 것은 자신들의 신앙심과 의지를 표명하는 동시에 영토의 중심에 위치한 제국 시리아의 위상을 높이기 위해서였다고 한다.

압둘 말리크(685~705)는 현존하는 이슬람 유적 중 최고(最古)의 것으로 평가되는 꾸빠트 알-사크라 모스크를 691년에 완성시켰다. 이는 바위의 돔 또는 예루살렘 모스크라고도 하며, 초기 무슬림 건축의 표준 양식이다. 이 사원은 원래 2대 정통 칼

꾸빠트 알-사크라 모스크

리파인 오마르가 목조로 건립한 것을 압둘 말리크가 유리 모자이크가 있는 팔각형 석조물로 개축한 바위의 원개전(圓蓋殿)이다.

    이 모스크는 이슬람 건축사상 최초로 정교하게 설계된 건축물이다. 금으로 도금된 둥근 지붕이 있으며, 건물 내부 장식은 모자이크로 처리되었다. 이 모자이크는 고대 또는 중세부터 전해오는 것 가운데 가장 화려하다고 알려져 있다. 꾸빠트 알-사크라 모스크는 가장 오래된 이슬람의 건축 기념물이자 가장 성스러운 것 중의 하나로서 바위의 돔에는 아케이드 윗부분에 푸른 바탕에 황금으로 쓴, 코란에서 인용한 유대교·기독교에 대한 승리를 기념하는 아랍어 비문이 있다. 이 건물은 비잔틴의 건축 양식을 충실하게 따르고 있기 때문에 이슬람 건축물에 포함시키지 않는 학자들도 간혹 있다. 하지만 아랍어 비문은 유대교와 기독교의 중요한 기념물로 가득한 예루살렘 도시에서 이슬람의 존재를 널리 알릴 목적으로 이 건축물을 세운 것이란 사실을 암시한다.

기독교 건축물과 달리 모스크 안팎에서는 십자가의 예수, 성모상 같은 모습은 찾을 수 없다. 생명체의 부재가 이슬람 미술의 전형적인 특징이라는 것을 보여주는 예라고 할 수 있다. 알라는 유일하며 비교될 수 없는 존재이기 때문에, 무슬림은 신을 어떤 방식으로든 표현할 수 없다고 믿는다. 또 알라는 어떤 중재자도 없이 직접 숭배할 수 있기 때문에 성자가 들어설 자리도 없으며, 이에 더해 코란은 이야기식의 서술이 아니기 때문에 종교 미술로 형상화할 사건도 없다는 것이다.

또 다른 종교용 건축물로 중요한 것은 칼리파 알-왈리드 1세가 성 요한 교회를 개축한 우마이야 모스크이다. 이슬람 건축의 경이로움을 보여주는 이 건물은 왕조를 대표하는 건축물이다. 이 건축물은 무슬림들이 매력적인 아름다움과 화려함으로 유명했던 그리스 교회당에 현혹되지 않도록 건립한 것이라고 한다. 페르시아, 인도, 비잔틴 장인들을 고용해 건축한 이 모스크에 최초의 미나레트(이슬람에서 첨탑을 지칭한다)를 세웠다는 설이 있다. 모스크의 벽에는 대리석과 유리 모자이크로 화려하게 장식된 꽃문양이 있는데, 최초의 반원형 벽감이 이곳에서 발견되었다.

비교적 단순한 구조의 모스크에 고정된 특징물이 소개되면서 종교 건축의 역할과 내용에도 변화가 있었다. 그런 특징물로는 (나무가 있거나 또는 나무가 없는) 안뜰, 미나레트, 미흐랍, 돔 축을 이루는 본당 회중석, 마끄수라, 분수대 또는 작은 못 그리고 공식적인 출입구 등이 있었다. 이 중에서 미흐랍은 아주 재빠르게 예배에 필요한 상징적 형태가 되었다. 안뜰은 실제적이고 심미적인 기능을 동시에 가지고 있다. 세정시설이 설치되어 있는 이곳은 신자들의 만남의 장소로, 무슬림들은 이곳에서 서로의 안부를 묻기도 한다. 때로는 이 공간을 확대해서 교육장으로 쓰고, 바닥을 아름답게 장식하기도 한다.

모스크의 또 다른 특징인 미흐랍은 교회에서 본뜬 형태로서, 모스크를 장식하기 위해 추가된 것이라고 한다. 미흐랍을 가진 최초의 사원은 메디나 모스크인데, 알-왈리드 칼리파와 그의 메디나 총독인 오마르가 도입한 것으로 알려졌다. 모든 사원들의 공통적인 특징이 된 미흐랍은 지속적으로 변화하는 이슬람 장식미술의 스타일과 질을 결정하는 척도로 간주되었다. 벽감의 장식은 지역과 시대에 따라서 모양이 바뀌었지만, 언제나 가장 풍부한 장식으로 꾸미는 장소였다.

세 명의 정통 칼리파들이 피살되고 난 이후에 암살의 위협을 차단하기 위해 모스크 안에 만든 왕자들과 주요 인물들의 공간인 마끄수라는 벽감 옆에 화려하게 장식되어 있다. 그 위에는 마치 우산 같은 모양의 조그만 돔이 있으며, 앞쪽에는 화려하게 조각된 나무 난간으로 울타리가 둘러져 있다.

또 다른 이슬람 건축의 상징으로 미나레트가 있다. 어느 지역의 여행객이나 이교도들을 막론하고 당장에 이곳이 이슬람 사원이라는 것을 알 수 있게 하는 미나레트는, 미흐랍처럼 우마이야 사람들에 의해 소개되었다. 그런데 미나레트는 지방 토착의 시계탑 형태를 따왔거나 그 후의 정방형 교회 탑에서 모방한 것이었다고 한다.

처음에 오마르 총독이 메디나 모스크에 미나레트를 소개한 후 그 수가 점점 많아졌는데, 한두 개의 첨탑이 모스크 양 옆에 세워졌고, 오스만 시대에 들어서 서너 개 또는 규모가 큰 모스크의 경우 여섯 개의 미나레트가 세워지기도 했다. 형태도 다양해서 사각형, 나선형, 원통형 또는 복합적인 형태 등으로 설치됐다. 미나레트는 외면적인 특징이나 의식상의 기능으로 인하여 이슬람 특유의 성격을 나타나게 되었고, 점차 이슬람의 대표적인 상징물이 되었다.

일반적으로 미나레트가 신자들에게 기도 시간을 알리는 데 사용되었다는 설명이 있는데, 이는 역사적인 이유에서나 실질적인 이유에서 올바른 해석이 아니라는 주장도 있다. 그보다는 탑이 높으면 평평한 지형에서 멀리서도 잘 보였기 때문에 모스크의 위치를 알리는 것이 주된 역할이었다는 것이다. 그러나 과거에 기도 시간을 육성으로 알려주던 사람인 무엣진(miezzin)은 보통 지금의 첨탑 자리 또는 옥상 꼭대기에서 서서 그 일을 행했다.

한편 이 시대의 세속적인 건축물로 궁전 및 목욕탕 등이 있다. 그중 칼리파 왈리드 2세가 지시하여 743년경에 건립된 것으로 보이는 요르단 므샤타의 대궁전은 레이스 모양 조각과 식물을 모티프로 삼은 특징 때문에 비잔틴의 건축 양식을 강하게 연상시킨다. 또 날개 달린 사자나 그와 비슷한 신화상의 동물들에 의해 증명되는 페르시아적인 요소도 들어 있다. 한편, 정면의 넓은 폭 전체에 걸쳐서 규칙적으로 되풀이되는 톱니무늬나 꽃무늬 장식의 기하학적 구성은 이슬람 미술의 특징인 대칭하는 추상적 무늬에 대한 기호(嗜好)를 드러내고 있다. 이 궁전은 외래문화와의 융합과 특징을 보여주는 실례이다.

가장 크고 아마도 가장 아름다운 궁전은 옛 팔레스타인 지방에 있었던 도시 여리고의 키르바트 알-마프자 궁전일 것이다. 이 궁전은 여러 개의 건물로 구성되어 있으며, 화려하게 상각된 돌과 치장용 벽토로 장식되어 있다. 궁전 북쪽에서 돔이 하나 있는 거대한 목욕탕이 발견되는데, 바닥은 몇몇 특이한 디자인의 모자이크로 덮여 있다. 이 궁전에서는 작업장과 창고도 발견되는 등, 그야말로 궁전을 능가하는 조그만 도시로 간주할 만하다.

이 밖에도 요르단 암만 동부의 꾸사이르 암라 목욕탕은 프레스코 화법의 벽화로 유명한데, 이곳에는 아직도 벽화 두 개가 남아 있다.

당시 이처럼 궁전 및 목욕탕을 건립하게 된 배경은 우마이야 왕조 칼리파들이 사막의 광활한 공간을 동경했기 때문이라고 한다. 그래서 요르단 및 시리아 스텝 지역에 화려한 궁전과 목욕탕을 건립하게 된 것이다.

애석하게도 내구성이 약한 자재로 지은 우마이야 궁전은 단 한 채도 처음 그대로의 모습으로 완전하게 전하지 않는다. 아마도 그 후의 세대가 종교적 건물을 보수하는 데만 관심을 기울이고 세속적 건물을 보존하는 데에는 별다른 신경을 쓰지 않았기 때문일 것이다. 그러므로 다만 그 시대의 궁전 유적들에서 당시의 세속적 건물이 가지고 있는 특징을 유추해볼 수밖에 없다.

우마이야 건축물의 시각적인 매력은 새로운 문화가 무한한 부를 바탕으로 독특한 이슬람 예술 양식을 모색해가는 과정에서 과거의 형태들을 재해석하고 재창조하며 통합시킨 방법에 있다는 평가를 받고 있다.

압바스 제국의 건축

750년에 새로운 압바스 이슬람 제국이 세워지면서 권력의 중심은 다마스쿠스에서 바그다드로 이동한다. 그리고 이와 함께 진정한 의미에서 최초의 이슬람 건축이 등장하게 된다. 이 시기에는 칼리파들이 과학과 예술 등 여러 분야에서 적극적인 지원을 벌였다. 이 때문에 바로 이 시기에 이슬람 문화는 전성기를 맞이한다.

883년, 제국의 수도가 된 바그다드는 이제 이슬람의 로마가 되었으며, 1258년 몽골에 의해 파괴될 때까지 수도로 남아 있었다. 바그다드를 이슬람의 로마라고 표현한 것은 그리스-로마의 과거 유산들이 압바스 제국에서 새로운 르네상스 시대를 맞이했기 때문이다.

이 시대는 우마이야 왕조의 전통을 받아들였고, 8대 칼리파 알-무으타심과 그의 후계자들에 의해 수많은 궁전과 모스크들이 건립되었다. 알-무으타심이 건설한 신도시 사마라는 이슬람 세계의 문화 수도로, 이슬람 세계 여러 곳에서 차출된 건축가들에 의해 세워진 모스크와 궁전은 그 뒤를 이은 수많은 왕조의 모스크와 궁전의 모델이 되었다. 892년 이후 바그다드가 다시 압바스 왕조의 수도가 되면서 사마라는 버림받은 것이나 다름없었는데, 버림받은 후에도 거주민이 계속 살았다는 점 때문에 고고학적 관점에서 매우 중요한 곳이다.

그러나 오늘날에는 이 시대의 궁전들도 대부분 사라졌고, 유물이나 문헌을 통해 궁전의 형태에 대해 대강 짐작만 할 뿐이다. 사마라의 다른 건물들과 마찬가지로 궁전도 흙벽돌로 지은 후에 회반죽을 덧칠하고 그림이나 조각으로 장식했다. 특히 궁전에서 장식 모티프로 인물이 용인된 흔적이 보인다.

제국의 대표적 건축물로서는 사마라 대사원이 있다. 사마라 대사원은 치장 벽토와 유리 모자이크로 장식되어 있는데, 치장 벽토 장식에는 주로 꽃과 나무 무늬가 쓰여 기하학적이고 추상적으로 표현되어 있다. 이곳에서는 처음으로 양각으로 장식한 예술적 자기가 발견되었는데 극동의 영향을 받은 것이 명백하며, 사원 창문의 다엽(多葉) 장식 아치는 인도의 영향을 받은 것으로 알려져 있다.

종교적인 건물로서 세계 최대의 광대함을 자랑하는 이 모스크는 이 시대의 전형적 모습을 갖추고 있다. 즉 남쪽의 메카를 가리키는 주축을 가진 직사각형 건물로, 끼블라를 향해 뻗은 측랑에 둘러싸인 안뜰이 있고 끼블라 방향의 중앙에는 작은 벽감이 설치되어 있다. 반대쪽에는 벽돌로 쌓은 나선형 미나레트가 있는데, 이 모스크의 가장 큰 특징이자 압바스 제국의 신기술이었다. 현재 사마라에 남아 있는 이 모스크는 우마이야 모스크의 2.5배에 달해서 당시 종교 건축물의 위용을 느끼게 하기에 충분한 규모이다. 초기 압바스 시대에 획득한 새로운 권한을 상징적으로 과시하기 위해 처음 수십 년 동안에는 전통적으로 권위의 상징인 첨탑을 추가했었다.

현재까지 이 시대의 모스크 중 가장 잘 보존된 것은 이집트의 이븐 툴룬 총독이 세운 것으로 카이로에 건립되었고, 그의 이름을 따서 이븐 툴룬 모스크라고 부른다. 이 사원은 사마라의 모스크를 모방한 것이지만 규모가 작고 정방형인 점이 다르다. 압바스 제국의 건축물 중 메소포타미아 지역 밖에서 가장 중요한 것이 바로 이 모스크이다.

이븐 툴룬은 터키 노예 출신으로 바그다드 칼리파에 의해 이집트 총독으로 임명받았으나 실질적으로 바그다드로부터 독립해서 막강한 권력을 행사했다. 그는 도시를 확장하고 미화시켰으며, 상당히 아름다운 건축물로 평가되는 모스크를 세웠다. 주택과 병원, 궁전은 사라졌으나 986년 대화재가 발생했음에도 모스크만은 오늘날까지 잘 보존되어 있다. 서양에서 고딕 건축이 개발되기 수 세기 이전에 이미 광범위하게 아치가 사용되었으며 아케이드도 대단히 아름답다는 평을 받고 있다. 사마라 모스크가 압바스 건축물의 장엄함을 보여주었다면 이븐 툴룬 모스크는 스타일 면에서 최상의 미를 감상할 기회를 주고 있다.

압바스 양식으로 862년에 세워진 또 다른 모스크는 튀니지에 있는 알-카이라완 모스크이다. 이 시대의 다른 사원들처럼 이 모스크도 직사각형 구조를 하고 있는데, 미나레트의 디자인과 위치가 다른 것들과는 약간 다르다. 첨탑이 로마의 등대를 모방한 것이 아닌가 추측되는데, 튀니지의 뛰어난 석조 건축 전통을 따른 것으로 해석된다. 모스크의 내부는 부분적으로 중세풍을 띠고 있다. 설교단은 메소포타미아 지역 기술의 영향을 받은 것으로 보이는데, 863년에 완성된 것으로 현존하는 설교단 가운데 가장 오래되었다는 평가를 받고 있다. 미흐랍은 대부분 메소포타미아에서 수입한 광택 타일로 장식하였는데, 이는 곧 메소포타미아 미술이 높게 평가받고 있다는 증거라고 할 수 있다.

이슬람에서는 종교적 권위와 세속적 권위가 이론적으로 뚜렷이 구분되지는 않았지만 압바스 시대에 이르면서 이 둘이 현실적인 이유로 양분되기 시작했다고 한다. 그때부터 모스크는 신앙심이 깊은 신자들의 중심지로 발전한 반면에, 화려하게 장식된 궁전은 피지배자와는 일정한 거리를 둔 칼리파와 지역 지배자들이 향유하는 세속적 권위의 중심지가 되었다.

페르시아 사산조의 영향을 많이 받은 압바스 건축 예술의 주요 형태는 난형체(卵形体) 또는 타원형의 돔, 반원형 아치, 나선형의 탑, 톱니꼴 흉장(胸牆), 유약 처리한 벽 타일, 금속으로 입힌 지붕 등이며 벽은 대리석과 치장 벽토로 장식했다.

압바스 왕조 후기의 건축

압바스 왕조는 9세기 중반 이후부터 13세기 중반까지 실제 여러 군소 왕국으로 분할되었지만 문화적으로는 크게 번영을 이루었던 시대였다.

사만 가문은 옛 페르시아의 귀족 가문으로, 압바스 시대에 중앙아시아의 서부 지방을 다스린 왕조를 세워 부하라를 수도로 동 페르시아 지역을 통치하였으며 예술의 보호자 역할을 담당했다. 이 가문에서 가장 뛰어난 인물로 평가받는 이스마일 이븐 아흐마드의 왕릉은 내화 벽돌을 사용한 가장 오래된 건물이며, 돔이 있는 것이 특징이다. 돔은 주로 무덤을 덮는 데 사용되었다.

예언자 무함마드는 죽은 사람을 위해 아름다운 무덤을 세워 애도하는 행위 자체를 반대했다. 그리고 이것뿐만 아니라 특별한 무덤을 만들 필요 없이 시체를 수의에 싸서 땅과 직접 접촉하도록 묻으라고 가르쳤다고 한다.

또한 코란 제9장 31절에서는 다음과 같이 말하고 있다.

> 그들은 하느님 외에 아흐바르와 루흐반 그리고 마리아의
> 아들 예수를 그들의 주님으로 경배하나 하나님 외에는 경배

하지 말라는 말씀이 있었으니 그분 외에는 신이 없음이라.
그들이 더불어 섬기는 것 위에서 그분만이 영광을 받으소서.

이처럼 코란은 성자에 대한 숭배를 금지하고 있어서 무함마드를 포함해서 선지자들이나 이맘의 무덤을 방문하고 예배드리는 것은 공식적으로 금기시되었다. 그러나 많은 사람들이 죽은 이를 기념하기 위해 묘를 방문했다(특히 시아파 칼리파, 이맘 등의 묘를 많이 찾았다). 물론 공식적으로 그런 관습을 인정하지 않았지만 9세기 말부터 칼리파들이 왕실의 성묘 또는 영묘를 인정했고, 그들의 총독과 경쟁자들도 그런 매장문화를 저항 없이 받아들였다. 그들은 웅대한 무덤으로 자신들의 이름을 후대에 전하려 했으며, 그에 따라 무덤의 규모도 점점 커졌다.

파티마조는 10세기 초에서 12세기 후반까지 이집트와 시리아 지역을 통치했는데, 예술적 측면에서 볼 때 그들이 통치했던 2세기 동안은 이집트 역사에서 상당히 많은 건물이 세워졌던 영광스러운 시기였다. 이 시대에는 여러 사원들이 건립되었는데 그중 알-아즈하르 모스크가 대표적이다. 그들은 이전의 흙벽 집을 석조로 대체하였고, 북아프리카의 영향을 반영하는 기념비적인 문을 건립했다. 알-아즈하르 모스크는 970년에 장군 자우하르가 기초를 세웠으며, 여러 후원자들에 의해 증축되고 개축되었다. 이 모스크가 그렇듯이 증축과 개축, 보수를 대대적으로 시행하면 원래의 모습을 유지하기 힘들다. 이는 이슬람의 건축물이 하나의 예술작품으로 여겨지는 사실 이외에도, 건축물이 후원자의 존재를 입증하는 증거가 된다(이는 이슬람 지역에서 흔히 일어나는 일이다)는 것을 말해준다. 이 시대의 비 종교용 건물로서 현존하는 것은 없으며, 단지 문헌에 따르면 궁전이 하나 건립되었다고 한다.

11세기 중반부터 12세기 후반까지 존속했던 셀주크조는 페르시아, 이라크 및 아나톨리아 지역에 터키 부족이 창건한 왕국이다. 이 시대에는 벽돌 기술을 과시한 묘비, 치장 벽토 장식의 전통적인 모스크가 건립됐다. 이스파한은 9세기 초부터 부상하다가 셀주크 왕조의 수도가 되면서 첫 번째 전성기를 맞이했다. 왕조의 후원 아래 이스파한 대사원이 확장되었는데, 아케이드로 둘러싸인 광대한 안뜰과 네 면의 중앙에 소위 열린 이완이라고 부르는 현관을 갖추었다. 후에 다시 장식이 이뤄졌지만 이 모스크는 후대 이란 모스크의 표준이 되었다.

이슬람 초기부터 모스크는 다목적 시설이었다. 물론 모스크는 무엇보다도 공동체의 예배 장소이다. 그러나 종교 지도자들은 여기에 더해 법정, 이슬람 교육과 전통적 학문 학습의 센터 역할을 추가했다. 주로 큰 사원의 한쪽 구석에 공간을 마련해서 이슬람을 알고 싶어 하는 사람들에게 강의하고, 가르치고, 또 숙박을 제공했다. 10세기 초쯤부터는 모스크 근처에 독립된 건물이 세워졌는데, 이곳은 이슬람을 연구하는 학생들에게는 없어서는 안 될 중요한 숙소가 되었다.

이슬람 법을 가르치고 학생들을 기숙시킬 목적을 띤 공공시설이 바로 마드라사(아랍어로 '학교'의 의미)이다. 마드라사의 구조

마드라사 입구

를 보면 중앙에 분수가 있는 네모난 중정이 있다. 간소한 벽면이 강조된 설계는 기하학적인 명쾌성이 느껴진다. 이는 다양한 측량이 있는 아랍형의 모스크와는 전혀 상반되는 건축 공간이라고 할 수 있다. 마드라사는 특히 이단적 믿음이라고 생각했던 시아파의 세력이 팽창하는 것을 견제하기 위해 여러 왕조의 통치자들에 의해 앞다퉈 건립됐다. 마드라사는 문화정책 면에서 매우 효율적인 수단이었고, 또한 아랍-이슬람 교육 체계의 근간이었다. 이때부터 시작된 마드라사는 도시에서 병원 다음으로 중요한 요소가 되었다(현대 파키스탄 등지에서는 마드라사에서 수학한 무슬림들이 다소 과격한 원리주의자들이라는 비판을 받고 있다).

한편 비 종교용 건축물로는 알려진 것이 거의 전무하다. 왕조의 술탄들이 압바스 제국의 통치자들보다 우월하다는 사실을 입증하기 위해 압바스 제국의 궁전을 부수고 거대한 바그다드를 건설했으나, 지금까지는 발견된 궁전이 없으며 몇몇 숙박업소 건물만이 있다.

유약 처리된 타일로 넓은 표면을 덮는 기술은 사실 셀주크인들이 발명했는데, 특히 미흐랍 장식에 자주 사용되었다. 또한 황금기를 맞이한 자기는 사산 왕조의 영향을 크게 받은 것으로 보이는데 이 시기에 흰색 소재가 개발되기도 하였다. 또 셀주크인들은 꼭대기에 비문이 있는 둥근 형태의 무덤 탑을 개발한 사람들이었다. 이 무덤 탑은 이슬람 건축 발전에 중대한 공헌을 했다.

12세기 중반부터 약 100여 년간 존속했던 아유브조는 당시 십자군과 군사 원정에 여념이 없었지만 이슬람 건축과 장식미술에는 크게 공헌했다. 12세기 후반부터 이집트와 시리아의 운명은 하나로 엮였으며, 자연스레 두 나라의 예술도 함께 발전했다. 아유브 왕조의 수도인 카이로에는 훌륭한 건물들이 지어졌고, 시리아에는 규모는 작지만 최상의 공사가 이뤄졌다. 이 시대 건축물 중 현존하는 것으로는 웅장한 알레포의 성채, 마드라사 그리고 다수의 왕릉이 있다.

스페인 우마이야조의 건축

우마이야조의 이슬람 건축은 이란과 중앙아시아의 건축과 뚜렷이 구분된다. 물론 이슬람 지역에서 공통적으로 받아들인 예술적 특징은 간직됐다. 예를 들어 사원 옆의 미나레트나 종유석처럼 층을 이루는 형태의 벽감 장식인 무카르나스(빠르게 확산되었다)도 건축 장식의 하나로서 이슬람 건축에 거의 절대적으로 적용되었다. 식물의 줄기와 잎, 덩굴 같은 자연의 형태에 근간을 두지만 대단히 복잡한 기하학적 문양으로 재해석해낸 독특한 장식인 아라베스크도 이슬람 미술과 건축 장식의 특징이다.

약 700여 년의 아랍인 통치 기간 동안 무슬림들은 이 지역에 3대 걸작을 남겼는데, 해당 지역에서 쉽게 구할 수 있는 자재와 전통 기법을 사용하면서 이슬람 양식과 스페인 양식을 혼합하여 조화시킨 것이 특징이다. 이런 실용적인 예술은 무슬림들이 다른 지역에서 개발한 것을 스페인으로 이전한 것이라고 볼 수 있다.

스페인 우마이야 왕조의 초대 칼리파인 압둘 라흐만 1세가 787년에 수도 코르도바에 완공한 코르도바 대사원은 현존하는 종교 기념물이다. 19개의 측량을 갖춘 거대한 직사각형 건물이며 미흐랍은 여러 색으로 장식되어 있다. 대리석과 금 모자이크로 장식된 이곳의 미흐랍은 북아프리카 및 스페인의 다른 미흐랍의 모델이 되었다. 아치는 편자 모양을 보인다. 이 대사원은 9세기와 10세기에 계속 확장되고 아름답게 꾸며졌다. 특히 칼리파 알-하캄은 976년에 모스크를 확장하면서 미흐랍 위에 웅대하고 아름다운 돔을 세웠는데, 비잔틴 황제가 보낸 금으로 모자이크 장식을 했다. 이 돔은 우마이야 왕국의 부와 권력을 상징했다. 왕조의 칼리파들은 그들의 조상이 세운 바위의 돔이나 다마스쿠스 사원과 같은 찬란한 건축물에 버금가는 사원을 건립할 마음으로 이곳을 세웠다.

8세기 스페인에 세워진 최초의 이슬람 궁전인 루사파 궁전은 완전히 사라졌다. 하지만 그라나다에 있는 알함브라 궁전은 무슬림 건축사상 가장 아름답고 위대한 걸작으로, 인간이 만든 최고의 예술품이라는 평가를 받으며, 옛 모습 그대로 보존된 세계문화유산이다. 이 궁전은 여러 번 개축되었는데, 건물의 원주는 꽃의 줄기처럼 날씬해졌다. 내부 벽면에서는 미묘하게 채색된 치장 벽토 또는 타일로 된 아라베스크 장식의 레이스처럼 투명한 세공을 볼 수 있다. 이것은 띠 모양의 문자 무늬를 포함하여 무한한 변화를 보이는 의장인데, 대칭적이며 율동적인 질서에 의해 규제된다. 빛의 변화에 따라 다양한 효과를 연출하는 무늬도 일품이다. 세빌의 알-카자르 궁전도 현존하는 아랍 시대의 훌륭한 건물인데, 안뜰이 매우 아름답다(스페인에서 종교적 미술의 특징이 있는 기념물은 코르도바 대사원을 제외하고는 거의 소멸되었으며, 비 종교용 건물인 세빌의 알-카자르 궁전과 그라나다의 알함브라 궁전은 우아한 장식의 뛰어난 작품으로 남아 있다).

  이슬람의 서부 지역 무슬림 건축의 특징은 말굽의 편자형 아치이다. 이는 이슬람 이전, 북부 시리아 및 기타 지역에서 대표적인 특징이었다. 그 후 이것은 이슬람에서는 우마이야 모스크와 꾸사이르 암라에 처음 나타났다(한편 첨두형 아치는 서구 고딕체 건물의 주요 특징이다). 스페인 고유의 스타일은 기독교와 무슬림 전통의 융합, 즉 편자형 아치와 둥근 천장을 규칙적으로 사용하는 일정한 형태를 혼합한 예술을 말한다. 이 지역의 3대 걸작물도 기본적으로는 아랍-무슬림 예술이 가지고 있는 두 개의 목적, 즉 실용성과 심미적 측면을 지니고 있음을 알 수 있다.

  스페인의 무슬림은 이슬람 양식과 스페인 양식을 혼합하여 조화시킨 것이 큰 특징이다. 세빌의 알-카자르와 그라나다의 알함브라 외에 세빌에 있는 정방형의 지랄다 탑도 특기할 만하다.

압바스 제국 분열 이후의 건축

몽골 시대

몽골족의 침공으로 이 지역의 도기와 직물의 생산지가 파괴되었으나, 술탄들이 이슬람 신자가 됨으로써 예술가와 건축가들을 격려하고 후원하여 실질적인 회복 활동이 재개되고 예술 분야에 커다란 수확이 있었다. 즉 이슬람으로 개종한 일한국 통치자는 대규모 건축 사업을 즐겨 벌였던 것이다.

이 시대에 지어진 건축물로 현재까지 남아 있는 것은 아자르 바이잔의 올제이투의 영묘와 테헤란 근처 베라민에 있는 모스크와 야즈드의 모스크 등이다. 이 건축물들은 모두 카샨 지방에서 생산되는 특수 도자기로 장식되어 있다. 일한국 통치자인 올제이투의 무덤은 가장 큰 무덤 가운데 하나로서, 자신의 업적을 과시하기 위해 만든 것이다. 그의 영묘는 거대한 몽골 제국에 어울리는 상징물이었다. 구운 벽돌을 50미터 높이로 쌓아 올리고 그 위의 돔 지붕은 푸른 기와로 덮어서 멀리서도 뚜렷이 보였다. 여덟 개의 날씬한 미나레트가 돔을 둥그렇게 에워쌌고, 건물의 외벽과 내부 천장은 훨씬 웅장하고 아름답게 장식했다.

통치자들은 대부분 화려한 영묘를 건설해서 그들의 존재를 영원히 역사에 남기고 싶어 했지만, 성자를 위한 건물을 봉헌해 이 땅과 내세에서 알라의 축복을 기원하는 데 전력을 기울인 통치자들도 적지 않았다. 티무르가 바로 그런 실례이다.

이 시대의 것 중 흥미로운 기념물로는 이스파한 동부에서 1325년에 건설된 모스크인 마스지디 자미 콤플렉스가 있다. 보다 전통적인 개념을 보여주는 모스크이지만, 그런데도 매우 아름답고 모든 부분이 조화를 이룬다. 종유석 장식은 매력적이며 광택 타일이 인상적이다.

일한국은 멸망하고 난 후 여러 군소 왕국으로 분할되었다. 그 가운데 14세기 말, 이슬람 세계 동부 지역에서 티무르가 등장했다. 그는 약탈자였으나 아름답고 신성한 기념물에 큰 관심이 있었으며, 또 수도인 사마르칸트를 미화시키고자 예술가들을 집합시켰다. 그의 아들 및 후계자들도 예술에 대한 후원을 계속하였고, 수도도 헤라트로 이전했다. 이때 페르시아 지역에는 새로운 르네상스가 생겨났다. 아름다운 건물이 건립되고 회화, 서예, 장정, 기타 모든 예술이 번창했다. 몽골 왕조는 상징적으로 자신들이 사산 왕조 황제의 후계자임을 자처하며 페르시아풍 건축물을 자신들의 궁전 복합 건축물에 통합했다. 왕릉 단지와 타브리즈 모스크가 유명한데, 정교함과 우아함의 수준은 이전에 비해 떨어졌지만 티무르 시대에서는 가장 높은 수준에 도달했다.

맘루크 시대

13세기 몽골이 이란을 중심으로 이슬람 세계의 동부를 정복한 후, 거의 비슷한 시기에 아랍세계에서 문명의 중심이 바그다드에서 카이로로 이동했다. 특히 맘루크 왕조의 수도인 카이로는 이슬람 세계에서 가장 큰 도시로 성장했다. 그들은 원래 압바스 왕조의 용병 출신으로 통치자가 됐고 인종적 차이로 정통성을 의심받고 있었기 때문에 뭔가 획기적인 조치가 필요하다고 느꼈다. 그래서 공공시설을 확대하는 사업을 벌였고, 이에 따라 무슬림의 전통은 건축을 비롯한 예술적인 면에서 지속적으로 번창할 수 있었다. 술탄들이 건축을 매우 좋아했던 이유도 한몫했다. 술탄 깔라운 모스크, 술탄 하산 모스크, 술탄 까이트바이 모스크 등이 세워졌고 또 다수의 마드라사나 맘루크 양식의 전형을 보여주는 왕릉이 카이로에 건립되었다 (오늘날까지 현존하는 맘루크 왕조의 건축물은 생명체의 표현이 없는 종교적 건물들이다).

그들은 사원 단지를 마드라사, 왕릉, 병원 등의 건축물로 복합적으로 구성했고, 내부는 돌과 대리석으로 코팅했다. 여기에 사용한 나무 조각은 맘루크 예술의 최고봉으로 기록되고 있다. 왕릉은 대부분 돔이 있는 정사각형 건물로, 유리 모자이크로 장식된 미흐랍이 눈길을 끈다. 반면에 비 종교용 건축물은 아주 일부만이 남아 있는데, 기존의 성채를 변경하거나 추가하는 방식을 취했다. 이집트와 시리아에서는 숙박업소가 건립되기도 했다.

사파위조

사파위조는 7세기에 아랍-무슬림에게 정복당한 후 16세기 페르시아에 새로이 등장한 페르시아권 세력이다. 오스만 제국의 경쟁자였던 사파위 왕조는 기념비적인 건축물을 세웠다. 창건자 이스마일 1세의 건물은 현재 남아 있지 않으나 타흐마습 1세가 1535년 카즈윈에 세운 로얄 모스크와 궁전은 일부가 남아 있다.

압바스 1세가 통치한 시기가 사파위조의 황금기에 해당하는데, 그는 진정한 사파위 예술 스타일을 발전시킨 장본인이다. 그가 수도를 타브리즈에서 이스파한으로 이전한 것은 왕조의 종교적, 정치적 권위를 강화하고 국가자본주의를 굳건히 하며 신수도 이스파한을 세계의 중심으로 내세워 경제와 외교 강대국으로 성장시키기 위한 정책의 일환이었다.

이 시대에 가장 위대한 기념비적 건축물로는 1612년에서 1613년에 건립한 마스지디 샤가 있다. 이 모스크는 전형적인 페르시아 형식에 따라 건립됐다. 중앙에 안뜰이 있으며 사면 중 한쪽에는 큰 이완과 현관이 있고 미흐랍 위로 돔 지붕이 있는 구조이다. 샤 모스크는 대리석 벽판, 유약 처리된 다양한 색상의 타일, 복잡한 문양 그리고 모자이크 장식 등에서 화려함의 극치를 보여준다. 이는 압바스 1세가 심혈을 기울여 만든 그야말로 복합단지 격의 위대한 사원이다. 이 밖에 18세기 초에 마드라사 마디리 샤가 전통방식으로 건립됐는데, 페르시아 건축의 마지막 공헌으로 중정이 하나 있는 구조이다.

궁전으로는 알리 카푸, 샤르 바그, 시힐 수툰 등이 있는데 나무 기둥이 지붕을 떠받치고 있으며 여러 가지 색의 아름다운 타일은 보는 이로 하여금 기쁨을 느끼게 만든다. 당대의 모스크와 궁전은 대부분 양호한 상태로 남아 있다.

무굴 제국의 건축

무굴 제국은 1526년부터 19세기 중반까지 인도를 가장 오랫동안 통치한 이슬람 왕조로서, 가장 부유하고 강력했다. 그들은 엄청난 부를 바탕으로 거대한 도시와 기념물을 세우면서 다양한 종교를 가진 인도인들에게 자신들의 세력을 과시했다. 이 시대 사람들은 티무르를 미술과 건축의 표본으로 삼고 그 위에 인도 고유의 건축 기법과 자재를 결합시켜 새로운 양식의 독특한 건축 양식을 출현시켰다.

아그라에서 서쪽으로 약 40킬로미터 떨어진 곳에 악바르 황제의 지시로 새로운 수도가 건설되었는데, 이 도시 안에 세워진 직사각형 구조의 대사원이 유명하다. 악바르 황제는 인공수로가 흐르는 아그라 외곽의 거대한 정원에 세운 영묘에 안치됐다. 그의 무덤은 그 후 무굴 제국의 기준이 되어, 후대 황제들의 무덤에 영향을 주었다.

세계적으로 유명한 타지마할은 악바르 황제의 손자인 샤 자한이 사랑하던 부인 뭄타즈 마할을 애도하며 세운 영묘이다. 타지마할은 세련된 기하학적 문양으로 흰색 대리석을 깎아 장식했다. 페르시아의 영향을 받은 것으로 보이는 타지마할은 델리에서 남쪽으로 200킬로미터 떨어진 아그라에서 1632년 건설을 시작하여 무려 22년에 걸쳐 2만여 명의 장인을 동원해 완성됐다. 돔 지붕을 얹고 네 개의 미나레트로 경계를 삼은 팔각형의 영묘는 장관을 이룬다. 특기할 만한 것은 자세히 보면 네 개의 미나레트가 각각 약 7도 정도 바깥으로 기울었다는 점이다. 인도에서는 무덤을 강가에 짓는 경향이 있다. 그러므로 이는 강가의 약한 지반 때문에 건물이 내려앉지 않도록 하기 위한 조치였다. 그야말로 건축가의 지혜가 돋보이는 대목이다.

오스만 제국의 건축

13세기 후반에 등장한 오스만 제국의 통치자들은 대대적인 건축물 건립을 통해서 제국의 권위와 이미지를 높이려 했다. 한편으로는 기존의 기독교 교회를 이슬람 사원으로 개축하라는 명령을 내리면서 소피아 성당을 이슬람 사원으로 바꾸었으며, 성당을 헐고 그 대신 이슬람 사원을 짓기도 했다.

술탄들은 주로 새로운 복합단지를 구상하고 이를 실천에 옮겼다. 규모가 큰 사원을 중심으로 부속 건물을 짓는 것이 요점으로 교육시설, 주택과 병원 등 여러 기능을 결합한 단지였다. 셀주크형 건축 모델이 채택된 것이 있는가 하면, 웅장한 돔형의 오스만식 모스크가 세워지기도 했다. 오스만식 모스크의 특징은 정사각형 건물에 큰 중앙 돔이 있고, 미나레트가 중요한 역할을 담당한다는 것이다. 한편 신학교인 마드라사는 전통적 아나톨리아 형을 모방했고, 술탄들의 무덤은 정사각형 또는 다각형의 형태로 전통적인 원추형 또는 피라미드 모양의 지붕을 설치했다. 종교적 건물의 내부는 큰 공간을 두었으며, 채색된 파양스(faience) 타일이나 모자이크로 장식했다.

이 시대의 가장 훌륭한 종교용 건물로는 오스만 제국의 위대한 건축가인 시난이 건립한 350개의 건물 중에 이스탄불의 술레마니아 모스크와 에디른의 셀리미야 사원을 꼽을 수 있다. 1557년에 완성된 술레마니아 모스크는 가장 유명하고 아름다운 사원으로 알려져 있다. 거대한 중앙 돔을 비롯하여 작은 돔들과 네 개의 미나레트가 우뚝 서서 위용을 자랑한다. 다른 대사원처럼 이 모스크에는 신학교, 학생기숙사 등의 부속 건물이 있다. 이 모스크는 시난의 설계 작품 중에서 가장 뛰어난 것으로 간주되고 있으나, 시난 자신은 에디른의 셀리미야 모스크가 가장 완벽하다고 주장한다. 그리스 출신 투르크 정예부대 군인 출신에서 건축가로 변신한 시난은 두 개의 반 돔형 버팀목이 있는 거대한 돔 지붕 사원을 설계했다. 덕분에 무슬림들은 예배에 편리한 공간을 마련할 수 있었다.

그 밖에도 1616년에 완성한 술탄 아흐메드 모스크가 있는데, 내부를 장식한 아름다운 타일 때문에 일명 블루 모스크라고도 부른다. 돔을 지탱하는 교각 혹은 각주가 다소 투박하고 육중하지만 여섯 개의 높은 미나레트가 밝고 정교한 아름다움을 선사한다. 회색 납으로 덮은 돔 지붕과 아치형의 창문, 아케이드를 통하여 들어오는 빛, 날씬한 미나레트로 구성된 외부 구조가 바로 이 시대의 오스만 고전 건축양식의 전형이다.

메흐메드 2세는 콘스탄티노플을 정복한 후 궁전 건설을 명령했다. 그중에서 1450년대에 시작된 이스탄불의 톱카피 궁전 건설작업이 순조롭게 진행되었는데, 이 건축물들은 규모보다도 궁전의 위치와 조망에 중점을 둔 무슬림 궁전이다. 이는 알함브라 궁전과 함께 본래의 모습이 거의 완전하게 남은 오스만 건축의 양대 보물 중 하나이다. 톱카피 궁전에는 수많은 정자와 누각 등 비교적 규모가 작은 건물이 넓은 정원에 비단 속의 보석 무늬처럼 박혀 있고, 이 건물들을 이어주는 산책로는 마치 수를 놓은 듯하다.

한편 비 종교용 건물로는 이전의 셀주크 모델과는 다소 차이가 있는 2층짜리 숙박업소와 조그만 돔이 여러 개 있는 목욕탕, 지붕이 있는 경제 및 상업의 중심지인 바자, 타일의 대량 생산지인 이즈니크의 파양스 채색 타일에 화려하게 상감한 돌로 장식한 분수대, 18세기 이후부터 바로크와 로코코와 같은 당시 유럽 스타일로 모방한 궁전이 있었다.

종교를 초월한 예술 : 이슬람 음악

7세기부터 성장한 이슬람 음악은 상당히 오랜 역사를 갖고 있으며, 유럽 중세음악에 큰 영향을 끼쳤다. 아랍 음악은 성악이나 기악 모두 중세에 이미 고도로 발달된 세련된 음악으로, 서양음악보다 높은 수준으로 발달해 있었다. 서양음악에서 쓰이는 음정보다 더 작은 음정인 마이크로톤을 사용했으며 마까마라고 불리는 다양한 선법 체계도 있었다. 서양음악에서는 보통 두 개의 선법을 사용하는 데에 비해 아랍 음악에서는 필수적인 열두 개의 선법을 사용한 것이다. 다만 아랍 음악은 화성을 발달시키지 않고 단선적인 선율의 리듬 변화와 장식음을 강조하는 음악으로 발전되었다. 그래서 제창이나 8도 관계로 여러 악기를 함께 연주해 악기마다 가지고 있는 장식음을 사용하기도 한다. 또한 아랍 음악은 장단이 중요하고도 많으며, 성악곡 위주여서 순 기악곡은 매우 적은 편이다.

아랍 음악의 주요 특징 중 하나는 즉흥 연주이다. 실제 연주 때도 전형적인 선율구를 따라 즉흥적으로 변화시키며 연주한다. 멜로디는 아랍 음악의 또 다른 특징으로, 연주하는 사람의 스타일이나 감정과 관련되어 있다. 현지 아랍 국가에서 아랍 음악을 접하게 되면 왠지 슬프고 감상적이며, 듣는 사람의 가슴에 호소하는 듯한 느낌이 든다. 우드, 드럼, 치터, 플루트, 탬버린, 라밥 등의 전통 악기가 사용되는데 우리 국악과 비슷한 악기의 소리도 들리고 타악기 연주가 많아서 그런지 흥이 돋는다(그러나 아랍 악기는 우리에겐 다소 낯설고 이국적인 형태의 것이 많다).

어떻게 보면 대부분 이슬람을 믿고 있는 이슬람 사회와 음악은 어울리지 못한다는 생각이 들 때가 많다. 물론 이슬람 종파 중 신비주의 교단에서는 음악이 잘 활용되고 또 중요하지만, 음악과 종교를 꼭 연계해서 생각할 필요는 없을 것 같다. 음악은 아랍에서 엄연히 학문의 하나로 자리 잡았다. 역시 음악은 인종과 종교를 초월해서 존재하는 것이 아닐까?

이슬람 이전 음악의 기원

이슬람 이전, 아라비아 반도의 서부 지역인 히자즈와 아라비아 반도 다른 지역의 노래를 부르는 행위는 소위 까이나(Qainah)라는 여종 계층에 국한됐던 것으로 보인다. 그러나 대부분의 아랍인들은 노래와 음악을 사랑했다. 그들은 쉬는 시간이면 술을 마시고 시와 음악을 지었다.

이슬람이 도래하면서 이슬람은 음주 등 이전의 관습과 투쟁을 벌였지만 음악과 노래는 이후에도 살아남았다. 예언자 무함마드가 그의 딸 파티마와 알리의 결혼식 등 노래가 포함된 여러 행사에 참석했다는 이야기가 전해 내려온다.

이슬람 이전 아랍인들에게는 여러 형태의 노래가 있었다. 여행 중에 낙타를 위해 부르는 노래가 있었는가 하면, 다른 부족을 습격할 때, 기도할 때, 기뻐할 때 그리고 장례식 때 부르는 영창(詠唱) 같은 것들이 있었다. 이와 같은 여러 가지 노래는 순례 영창의 경우처럼 오늘날까지 영향을 주고 있다(가장 오래된 노래 형태의 하나인 영창은 특별하고도 높은 지위와 권위를 지녔다).

아랍의 노래는 10세기 초, 아랍의 지리학자이자 역사학자인 알-마스우디가 전하는 다음의 한 신화에서처럼 발생하였다고 한다.

> 무다르 이븐 니자르가 여행 중에 낙타에서 떨어져 손에 금이 가는 사고를 당하자 "오! 나의 손, 오 나의 손!" 하고 말하기 시작했다. 그는 아랍인들 중에서 가장 아름답고 달콤한 목소리를 갖고 있었는데 이 소리를 들은 낙타들이 기쁨에 겨워 어쩔 줄 몰라 했고 무사히 즐거운 여행을 마쳤다고 한다. 그날 이후 그는 아랍인들에 의해 가수로 인정을 받았다.

고대 남부 아라비아의 역사는 불투명하다. 하지만 기원전 10세기경에 사바 왕조가 존재했고 이 왕조는 기원전 6세기경에 번성했다가 기원후 5세기 말경에 기울었다는 기록이 있다. 남부 아라비아 사회의 경제는 유명한 마리브 댐을 기반으로 한 농업이었다. 댐, 운하, 국경 문제 및 토지 소유권에 대해 자주 언급한 비문을 보면 당시 사회는 상당한 정도로 발전했으며 음악 또한 사회생활에 중요한 부분으로 여겨진 것으로 보인다. 그러므로 남부 아라비아에서는 음악이 고도의 수준에 도달해 있었다는 것을 짐작할 수 있다.

남부 아랍인들에게 특별한 형태의 노래와 악기가 있었다는 것은 의심의 여지가 없다. 그러나 아쉽게도 현재 전해 내려오는 것은 거의 없다. 또 남부 아랍인들의 노래가 북부 아랍인 그리고 이후 이슬람 문명의 유산으로 연결되지도 못했다.

이슬람 이전 히자즈 사람들은 악기로 주로 탬버린을 사용했는데, 이것은 정방형의 악기이다. 여기에 더해 클라리넷을 사용했는가 하면, 가죽으로 만든 류트도 친숙한 악기였다.

만가(輓歌) 중에서는 아랍 부족인 술라임 출신으로 유명한 여류 시인 알-칸사가 그녀의 의붓오빠 사키르의 죽음을 슬퍼하며 부른 애도시가 유명하다. 이 시는 후에 아랍인들이 장례식 때마다 애창하는 노래가 되었다. 한편 이슬람 이전 대부분의 시인들은 가수들처럼 자신들의 시를 노래했다고 한다.

정통 칼리파와 우마이야 시대의 음악

예언자 무함마드 시대가 시작되자마자 외국 음악의 영향이 몇몇 아랍 사회에서 나타나기 시작했다. 한 예로 갓산의 지도자들은 그리스 여가수들을 데리고 있었다. 또 히라에서 온 알-라큼 사람들은 류트(아랍어로 우드)를 알고 있었으며 히자즈 사람들에게 그 악기를 전했다. 갓산과 히라 국가는 비잔틴 제국과 페르시아의 사산 제국(226~651)의 아랍 완충 국가들이었다. 당시 아라비아 반도와 시리아의 국경에는 갓산이, 이라크와의 국경에는 히라국이 있었는데, 이들 두 나라는 기독교와 그리스 스타일을 지닌 시리아 문명과 페르시아 문명에 영향을 받았다.

몇몇 역사책에 따르면 의사이자 시인인 알-누드르 이븐 킬다가 우드를 히라에서 메카로 가져온 사람이며, 코란을 듣지 못하게 하고 자신의 부족들의 마음을 끌기 위해 시를 지었다고 전한다. 그런가 하면 또 다른 책에서는 이븐 수라이즈(726년경 사망)가 페르시아 류트를 히자즈에 최초로 소개한 사람이며, 684년 메카의 카바 신전 공사 차 메카로 데려온 페르시아 노동자들에게서 그 우드를 처음 본 사람이라고 전하고 있다. 또한 그 후 플루트도 아랍 음악에 소개된 페르시아 이름의 악기라고 한다.

코란이 시인들을 공격하는 것은 그들이 시인이기 때문이 아니라 그들이 다신교와 우상숭배를 대신하기 때문이다. 예언자 무함마드는 음악이 우상숭배 의식과 연관되어 있다고 보고 불

만스럽게 생각했던 것 같다. 예언자의 언행을 기록한 몇몇 하디스에 따르면 "악기는 자신을 섬기도록 유혹하는 악마와 같았다."

대부분의 이슬람 법률가들과 법학자들이 음악을 회피한 것은 사실이다. 어떤 사람들은 음악을 비난했으며 금지가 아닌 혐오로 일관했다. 더구나 초기 정통 칼리파 시대에는 주변 지역의 정복사업과 이슬람 선교 등으로 분주하였기 때문에 예술에 대한 후원이나 장려가 없었다. 그러나 이슬람에 대한 초기의 공포가 사라지고 정치적으로나 군사적으로 안정을 취하게 되자 히자즈 사회는 발전하기 시작했다. 특히 풍요로운 삶을 살았던 제3대 정통 칼리파 오스만의 시대 때 사회가 크게 변화하기 시작했다. 사람들은 음악에 관심을 갖는 등 인생을 즐기기 시작했으며, 목소리와 악기와의 조화를 이루는 기술을 완벽히 습득했다.

시리아와 이라크와 페르시아에서는 오래전부터 남녀가 노래를 불렀다. 그러다 히자즈와 그 밖의 아라비아 반도에 처음으로 음악을 직업으로 삼은 남자 가수들이 나타났는데, 그들 중에서 뚜와이스(632~715)가 제일 유명하다. 뚜와이스는 아랍어로 '자그마한 공작'이라는 뜻인데, 히자즈의 대가수였다. 그의 본래 이름은 이사 이븐 압둘라이며 메디나에서 최초로 완벽하게 노래를 부른 사람이다. 다시 말해 그는 이슬람 시대에 노래를 부르기 시작한 최초의 인물로, 탬버린으로 알려진 악기를 가지고 아랍어로 노래를 부른 가수이자 아랍 음악에 하자즈(Hazaj)와 라말(Ramal)을 최초로 창안한 인물이다.

뚜와이스의 뒤를 이어 등장한 가수들은 외모와 의상이 여성과 비슷했고 여성처럼 춤을 추었다고 한다. 그들은 동성애자들로 알려져 있다. 이후 등장한 많은 비 아랍-무슬림 남녀 가수들은 노래를 직업으로 삼았으며, 유명한 시인들의 시를 노래로 불렀다.

이슬람에서 제1세대 가수들은 뚜와이스를 선두로 한 외국인 그룹이다. 뚜와이스의 제자들 중에 가장 유명한 가수는 이븐 수라이즈였다. 그는 이슬람에서 가장 유명한 4대 가수 중한 사람으로 꼽힌다. 앞에서도 언급했지만 그는 히자즈에 페르시아 류트를 처음 소개한 것으로 알려졌으며, 또한 그가 조직한 대중음악 축제에서 막대를 사용해 음악 밴드를 지휘했다. 그의 부친은 터키인이며, 메카 출신의 흑인 사이드 이븐 미스자흐(714년경 사망)로부터 음악을 배웠다.

사이드는 메카에서 최초의 음악인으로 간주되는데, 아마도 우마이야 시대에 가장 유명했던 음악인이었을 것이다. 그는 시리아와 페르시아를 여행하며 그곳에서 로마와 페르시아 멜로디를 배웠고 그 멜로디를 아랍 음악에 소개한 인물로 알려져 있다. 무슬림 역사 초기에 음악 이론을 세우고 실제 연주를 통해 아랍 음악을 작곡한 것으로 보인다.

이 시대에 가장 유명한 네 명의 가수 중 두 번째는 알-가리드이다. 그는 이븐 수라이즈처럼 히자즈 출신이다. 그도 사이드 밑에서 수학했다. 또 다른 두 명의 가수는 이븐 무흐리즈(715년경 사망)와 마으바드(743년 사망)이다. 이븐 무흐리즈는 페르시아 출신이며, 마으바드는 메디나의 혼혈아로서 칼리파 알-왈리드 1세, 야지드, 알-왈리드 2세 등 왕실로부터 노래의 천재라는 권위와 존경을 얻었다. 그는 수도인 다마스쿠스로 이동하기 전에 아라비아 반도 지역을 누비며 노래를 불렀다.

자밀라는 메디나 출신 1세대 음악 지도자 중 한 사람으로, 그녀의 감독하에서 공부한 가수들이 많이 있었다. 자밀라의 인생에서 가장 놀라운 사건 중 하나로 그녀가 순례 차 메카를 방문한 것을 들 수 있다. 그녀는 자신을 에스코트하려는 유명 남녀 가수, 시인, 그녀를 찬미하는 저명한 인사들과 함께 메카로 향했다. 특별히 매우 특이한 의상을 갖추고 낙타를 탄 채 메카에 도착했다. 메카 사람들은 모두들 그녀를 보려고 모여들었다. 그녀가 순례를 마친 후 많은 메카 사람들이 메디나까지 그녀와 동행하면서 화려한 퍼레이드가 이어졌다. 당연히 메디나 사람들은 그녀를 환영했는데, 다수의 젊은이들과 나이 든 사람들이 그녀를 본 후 무슬림이 되었다고 한다. 한편 마으바드는 자밀라를 다음과 같이 묘사한 적이 있다. "그녀가 노래의 원조이고 뿌리이며 우리들은 가지들이다. 자밀라가 존재하지 않았다면 우리들은 가수가 될 수 없었을 것이다."

자밀라는 동족의 마음을 사로잡는 대단히 독특한 특징을 갖고 있었다. 훌륭한 교양, 그녀의 페미니즘을 강력하게 만드는 부드러운 성격, 다른 사람들에게 더 큰 영향을 주는 노래 솜씨와 사람의 마음을 기분 좋게 만드는 겸손한 인격 그리고 문학과 음악에 관한 폭넓은 지식도 있었다. 그녀의 저택은 노래와 예술적 비평에 대해 의견을 주고받는 유명 일류 가수들의 집합장소였다.

분명히 음악은 상류 계급사회에서 매우 특별한 지위를 차지했으며, 여인들은 자신들의 집에 음악 애호가들을 초대하여 음악회를 개최했다. 순례의 계절이 오면 히자즈의 음악인들과 가수들은 순례자들 앞에서 그들의 공연 수준을 보여줄 좋은 기회를 얻을 수 있었다. 때때로 음악인들은 순례자들의 퍼레이드를 만나러 갔고 행진 중에 노래를 불렀다.

당시 히자즈 지방에는 두 가지 종류의 새로운 히자즈식 연애시가 등장했다. 다소 음란하며 직설적인 사랑을 노래하는 도시적인 연애시와 순수하고 부드러운 베두인적 연애시가 그것이다. 오마르는 도시적인 연애시의 대표적 시인으로서 그가 끼친 공헌은 상당하다. 우선 그의 시는 당시 통용되던 언어의 보고로서 순식간에 언어학자들의 관심을 집중시켰다. 우마이야 시의 구조, 언어, 어조, 성향, 주제 면에서 발생한 가장 좋은 변화를 보여주는 모델이었으며 노래로 부르기에도 좋도록 쓰였다.

이처럼 우마이야 시대의 메카, 특히 메디나는 음악인들의 안식처였으며 음악 애호가들의 중심지였다. 다마스쿠스로 수도를 이전하면서 정치적 중요성을 상실한 메디나는 패션과 우아함은 물론 음악과 노래의 중심지가 되었던 것이다(아랍 음악에 새로운 가락과 모티프가 소개되는 등 이 시대에 아랍 음악은 중대한 변화를 겪었다).

히자즈의 젊은이들이 쾌락주의 인생에 빠지게 된 것은 그들의 정치적 야심이 좌절되어 방향을 전환한 탓도 크다. 칼리파

자리가 우마이야 가문에 넘어가자 히자즈인들이 이에 반대했고, 따라서 우마이야인들은 그들을 멀리하고 고관대작에 오를 기회를 주지 않았다. 그 대신 정치적 관심을 돌리기 위해 많은 재산을 메디나인들에게 쏟아부었다. 히자즈 도시인들의 관심은 종교의 엄격성에서 벗어나 열락으로 바뀌었다. 물론 음악을 싫어하고 이를 음주와 도박으로 연계시키는 무슬림 학자들을 포함한 보수적인 무슬림들은 예언자 무함마드의 하디스를 인용하여 다음과 같이 음악을 비난했다.

> 이와 같은 종류의 유흥은 사탄의 짓이다.

그러나 이들의 노력은 사람들에게 영향을 주지 못했고 별다른 결실도 없었다. 음악이 이미 아랍인들의 마음속에 특별한 지위를 차지하고 있었기 때문이다. 음악인들 스스로 자신들의 주장을 뒷받침하는 예언자의 하디스를 인용했다. 그들은 여기서 더 나아가 시와 음악과 노래는 반드시 낮은 계층에만 존재하는 것이 아니며 음악이 사람들의 지위를 낮추지도 않는다고 주장했다. 오히려 음악은 자신을 순화시키고, 자비와 선행 같은 훌륭한 도덕심을 자극하며, 명예를 지키고 죄악과 싸워 이기는 영향력을 갖는다고 했다.

우마이야 제국의 수도를 메디나에서 다마스쿠스로 옮기자 정통 칼리파 시대에 유명했던 다수의 가수들(예를 들면 앗자 알-마일라, 뚜와이스와 후나인 등)이 다마스쿠스로 건너갔다. 칼리파 야지드는 가수들을 궁전으로 불러들였다. 그는 나라에서 여흥 센터를 공인한 첫 번째 무슬림 지도자로 많은 가수들과 음악인들을 샴(Sham) 지방으로 데려갔다. 그 역시 시인이었으며 자신의 왕궁에서 여러 차례 대연회를 개최했다. 그의 뒤를 이은 칼리파들도 야지드처럼 재능 있는 가수들과 연주자들을 후원했으며 음악 축제를 개최했다. 보통 커튼 뒤에서 가수들과 연주자들이 앉아서 공연을 하는 등 칼리파들과 음악가들 사이에 간격을 두는 것이 관습이었지만 칼리파들이 노래와 연주에 참여하려고 자주 커튼을 들어 올렸다.

음악 애호가인 압둘 말리크는 히자즈에서 이븐 수라이즈를 데려왔으며 자신의 보호하에 두었다. 후에 야지드 2세는 시와 음악을 이전의 위치까지 되돌려 놓았으나 보수적인 칼리파 오마르가 다시 이를 금지시켰다. 한편 술과 여흥 그리고 음악을 좋아하는 알-왈리드 2세는 여러 나라로부터 가수들을 불러들여 많은 가수와 음악인들을 왕궁에서 맞이했다. 그 가운데 유명한 가수 마으바드도 있었다. 그의 통치 기간에 음악은 히자즈의 메카와 메디나 모두에서 번창했고, 우마이야 말기에 음악과 노래는 모든 사람들에게 큰 인기를 얻었다. 압바스 지도자들은 이를 우마이야 적들과 싸우는 데 있어서 유리한 조건으로 활용했고 또한 그들을 알라의 적이라고 불렀다.

압바스 시대의 음악

압바스 제국 초기에는 페르시아의 영향이 곳곳에서 증가했는데 전통음악도 예외는 아니었다. 또 9세기 이후에는 아랍 전통음악이 터키 음악의 영향을 받았다. 압바스 시대에는 여러 사회 계층에서 노래를 즐기는 경향이 증가했다. 우마이야 말기에는 아랍 음악의 중심지였던 히자즈 지방에서 이라크로 노래가 전파되어 압바스 제국에 널리 보급되었다.

압바스 제국의 제3대 칼리파 알-마흐디는 스스로 이 예술을 장려하기 시작했다. 이때 바그다드는 도처에서 남녀 가수들을 끌어들였으며 이들 가수들에게 많은 하사품을 내렸다. 그는 시야뜨 알-마키(739~850)를 왕궁으로 데려왔는데, 이 가수는 사람들로부터 증기탕보다 훨씬 따뜻한 목소리를 갖고 있다고 평가받았다. 알-마흐디는 시야뜨 다음으로 이브라힘 알-무슬리(742~804)도 데려왔는데, 그는 시야뜨의 제자이며 고전 아랍 음악의 지도자이자 창시자이다. 이브라힘은 페르시아 명문가 출신으로 그가 무명일 때 모슬 지역 밖에서 갱에 의해 납치되었다. 그리고 그때 그들의 노래를 배울 수 있는 기회를 얻었다. 그는 최초로 음악적 리듬, 즉 장단에 막대를 사용한 사람이었다. 음악에 뛰어난 소질을 갖고 있어서 30명의 하녀가 노래를 함께 부르는 경우, 한 명이 틀리면 그 틀린 여자를 지적해서 화음을 맞추도록 지시했을 정도라고 한다.

알-마흐디의 뒤를 이어 하룬 알-라쉬드가 권좌에 올랐고 그도 역시 이브라힘을 동료로 간주하며 왕궁에 데리고 있었다. 그에게 매월 10만 디르함씩을 지불했는데, 어떤 때는 자신이 좋아하는 노래 한 곡에만 10만 디르함을 지급하기도 했다. 그는 가수들 사이에 계층을 만들고, 그 계층에 따라 하사품을 내렸다. 압바스 시대에 와서는 궁전의 가수들이 월급을 받았고 수준 높은 공연일 경우에는 상당한 보상이 있었기 때문에 많은 가수들이 그들의 예술적 재능에 따라 큰 재산을 모았다.

칼리파 하룬 알-라쉬드는 계속해서 음악과 노래를 권장했고 예술과 학문을 높이 발전시켰다. 그의 궁전은 노래의 중심지이자 음악인들의 집결지였으며, 그의 후원하에 노예와 과부들이 참여한 음악 그룹들이 활발한 활동을 벌였다. 한 역사책에 따르면 알-라쉬드의 후원하에 2,000명의 가수들이 참석한 대규모 음악축제가 열렸다고 한다. 또 어느 날 밤에는 왕궁의 모든 남녀가 동이 틀 때까지 궁전에서 춤을 췄다고 한다.

알-라쉬드의 왕궁에 합세한 가수들 가운데는 이브라힘 알-모슬리의 제자인 무카리크(854년 사망)가 있었다. 무카리크가 아버지의 가게에서 고기를 팔고 있다는 소리를 듣고서 한 여가수가 그를 사들였다고 한다. 그녀는 그의 목소리에 감탄했지만 그를 다시 알-주바이르에 팔았고 결국에는 알-라쉬드의 노예가 되었다. 그러나 알-라쉬드는 그를 해방시켜 준 뒤, 10만 디나르를 주고 자신의 곁에 두었다.

우마이야 시대에 구축된 음악적 체계는 이삭 이븐 이브라힘(767~850)까지 이어져 내려왔다. 그는 칼리파 알-마으문과 알-

무타와킬의 친구였고 당시 음악인들의 지도자였다. 그는 고전 아랍 음악의 창시자로 간주되는 아버지의 뒤를 이어 그 정신을 분명히 표현했다. 때때로 그는 이브라힘 이븐 알-마흐디가 이끄는 경쟁 음악학교의 혁신에 대해 전통적인 양식으로 방어하기도 했다. 음악인으로서의 그의 위치는 일반적으로 그와 비견되는 사람이 없을 정도로 확고했다. 그는 신령으로부터 화음을 받았다고 전해진다. 그에 관하여 다음과 같은 이야기가 전해 내려온다.

> 그는 음악에서 무슬림들 중에서 제일 위대하다. 그보다 앞선 음악인 중에는 그의 아버지가, 그의 뒤에는 지르얍이 비교될 수 있을지 모른다.

나중에 다시 언급하겠지만 지르얍은 압바스 왕실에서 안달루스의 궁전으로 건너간 최초의 예술가이자 음악인이다.

호화찬란한 칼리파들의 통치 아래 성장한 음악인들은 음악인 이상의 사람들이었다. 그들은 똑똑하고 명민했으며, 날카로운 기억력으로 훌륭한 시와 흥미 있는 이야기들을 다수 암기했다. 따라서 그들은 가수이며, 시인이었고, 당시 문화에 정통한 학자들이었다.

가수들 다음 등급으로는 연주가들이 있었다. 제일 중요한 연주가는 우드 연주가들이었고 제일 낮은 등급은 라바바 연주가들이었다. 그들 다음으로는 커튼 뒤에서 축제나 파티에 참석하는 여가수들이 있었다(여성들의 집에서는 파티에 필요한 장식을 하였으며, 여성들의 교육과 교양을 향상시키는 일은 중요한 사업이 되었다). 종합적으로 볼 때 압바스 시대에는 바그다드의 가수와 연주가를 합한 음악인들의 수가 우마이야 시대 다마스쿠스 때보다 훨씬 많았다.

압바스 시대의 천재 음악인들 중에는 칼리파 하룬 알-라쉬드와 형제지간인 이브라힘 이븐 알-마흐디가 있다. 그는 이복형제 알-마으문과 권력 투쟁을 벌였으나 실패하고 그 대신 음악과 노래에서 명성을 얻었다. 또 다른 인물은 칼리파 알-와시끄로서, 그는 우드 연주의 대가였으며 백 편을 작곡한 것으로 알려져 있다. 그는 칼리파들 중에서 최초의 음악인이었고 그의 뒤를 이어 칼리파 알-문타시르와 알-무으타즈가 유명세를 탔다. 그들은 시와 음악에 재능이 있었다.

노래를 잘하는 여종들은 보통 까이나라고 부르는데, 대개 높은 값에 팔리곤 했다. 따라서 노예 상인들은 여종의 몸값을 높이기 위해 훌륭한 가수들을 불러 여자 노예들에게 노래를 가르쳤다. 바그다드, 쿠파, 바스라의 귀족들은 대부분 그들의 집에 까이나를 데리고 있었으며 형편이 되지 못하는 사람들은 하룻밤이나 며칠 밤만 노예 상인에게서 까이나를 빌려왔다. 바그다드의 까이나들은 시인들의 집을 드나들었으며 시인들이나 젊은 청년들 역시 까이나의 주인집을 드나들며 노래와 음악을 즐겼다. 시인들은 흔히 훌륭한 교양과 미소를 겸비한 이러한 여종들이나 까이나들을 달콤한 말로 유혹하여 그들의 마음을 사로잡았는데, 이는 당시의 시 속에 과도한 부드러움이나 암시적인 표현을 풍성하게 하는 결과를 낳았다.

압바스 제국 분열 이후의 음악

압바스 제국은 후반기에 들어와서 정치적으로 매우 혼란스러웠다. 터키인 용병 출신 장교들에 의해 칼리파가 좌지우지되고, 칼리파의 친인척과 고급 관료들의 음모와 술수, 부패가 극에 달하는가 하면, 칼리파의 궁전 생활이 극도로 사치스러워지면서 국가 재정이 바닥나자 칼리파의 권위는 자연히 땅에 떨어지고 말았다. 이와 반비례하여 지방 총독이나 군 지휘관, 고급 관료들은 막강한 권력을 행사하면서 자신들이 담당하던 국유지를 사유화하여 중앙정부로부터의 독립을 꿈꾸기 시작했다. 제국의 도처에서 일어났던 서민들의 반란은 중앙정부의 통제 권력을 더욱 악화시켜 거대했던 압바스 제국의 분열을 가속화시켰다.

그러나 정치적으로 분할된 압바스 제국은 문화적 발전만은 멈추지 않았다. 소왕국의 통치자들이 자신들의 권위를 세우고자 음악을 비롯한 예술을 적극적으로 후원했고, 따라서 다양한 음악들이 출현했다. 터키나 이란 같은 곳에서는 신비주의 교단이 예술음악의 발전을 주도하였다. 그들은 자신들의 필요에 의해서 음악을 장려했지만, 동시에 음악문화가 일반 대중에게 확산되는 분위기를 만들어주었다.

오늘날의 아랍-이슬람 음악은 크게 두 가지 경향으로 분류된다. 이슬람 전통을 계승, 발전시키려는 것이 첫 번째 경향이고, 두 번째는 서양의 악보, 악기와 교육방법 그리고 오페라 같은 새로운 형식을 도입해 음악의 서구화를 이루려는 움직임이었다. 서양음악은 1826년 처음 터키를 통해 들어온 다음, 이란과 이집트 등에서 널리 확산되었다.

동부 아랍의 이론음악

아랍은 8세기 말 그리스 문헌을 번역하기 훨씬 전에 이미 독자적인 음악 이론을 가지고 있었다고 한다. 이 아랍 이론의 바탕은 고대의 셈족 이론이었다. 사실 그리스 이론의 확립에 공헌한 것은 바로 셈족의 음악 이론이었다.

아랍 음악 이론은 7세기에 처음 나타난다. 이것은 이븐 미스자(715년 사망)의 노력에 의한 것이었다. 그는 이론가로부터 페르시아 음악과 비잔틴 음악을 배웠으며, 그가 확립한 이론은 이후 아라비아 반도 전역으로 확산되었다.

9세기 중엽, 이론음악을 다룬 몇 권의 그리스 서적들이 아랍어로 번역됐다. 그중 아리스토텔레스가 집필한 책 두 권이 저명한 아랍 의사 알-하닌에 의해 아랍어로 번역됐다. 그 뒤를 이어 10세기에서 11세기까지 주로 바그다드에서 활동한 아랍 철학자들 알-사파 브라더스(al-Safa Brothers) 중 몇몇은 이론음악의 저자들인데, 그들은 음악을 수학의 한 분류로 간주했으며 피타고라스를 이론음악의 창시자라고 주장하면서 그를 찬양했다.

아랍인들은 페르시아의 이론 이외에, 위에 언급된 번역서들과 또 다른 그리스 서적으로부터 음악에 관한 지식을 습득했으며, 음악이 갖는 과학적 개념을 인식하고 그들 자신의 음악 원칙 이론에 바탕을 둔 독립된 음악문화를 갖게 되었다. 다시 말해서 자신들이 필요한 이론을 받아들여 독자적인 이론을 전개해 나갔으며, 이렇게 정립한 이론이 유럽으로 건너간 것이다. 이것은 소리의 물리학적, 생리학적 이론을 발전시켰다. 즉 아랍 음악의 과학적, 수학적 측면은 그리스 음악으로부터 비롯되었으나 실용적 측면은 (이슬람 음악을 깊이 연구한 음악학자 헨리 조지 파머가 연구논문에서 밝힌 바와 같이) 순수한 아랍의 것으로 간주된다.

이 시대에 '음악'이라는 단어는 그리스에서 빌려와 아랍어로 소개되었는데, 흔히 이론음악의 모든 영역에서 참조되었다. 그러나 옛 단어 '노래'는 특별히 실용음악에 한정되었다. 그전에는 노래와 음악에 모두 공통으로 쓰였다. 기타와 오르간 그리고 그리스어에서 가져온 음악 용어들은 현재까지도 아랍어로 사용되고 있다. 그중 오르간은 비잔틴 왕궁에서 가져온 것이다.

알-킨디는 9세기 '아랍의 철학자'로 음악에 관한 저서의 대가이자 지도적 이론가이다. 가장 오래된 선율 작곡에 관한 아랍어 음악 이론서를 남긴 그는 바그다드에서 활약하였으며 그리스 음악의 영향을 받았다. 그가 집필한 아홉 권의 책에서 처음으로 아랍어로 된 음표를 볼 수 있다. 그는 또한 아랍 음악에 처음으로 장단에 관한 기록을 남긴 인물이기도 하다. 그는 음을 무거운 것과 가벼운 것 두 종류로 나누었는데, 이것은 곧 느린 것과 빠른 것을 말한다. 그의 분류에는 느린 것 세 가지, 빠른 것 다섯 가지가 있다. 그리고 소리를 내는 박자와 소리가 나지 않는 박자, 이렇게 두 가지 박자가 있다고 했다.

물론 알-킨디가 유일한 이론음악 학자인 것은 아니다. 알-킨디 이외에도 음악에 관심을 가진 많은 의사들과 이슬람 철학자들이 있었다. 그들 가운데 음악에 관한 책 한 권을 쓴 알-라지(865~925)가 있으며, 중세 음악의 기본에 관해 글을 쓴 사람들 중에서 가장 위대한 알-파라비(897~950)는 창의적인 연구서 세 권을 내놓았다.『음악에 관하여Kitab al-Musiqa al-Kabir』는 아랍 음악에 관한 최초의 정교한 아랍 음악 이론서로서 선법론, 장단론, 악기론을 다루고 있으며 생리학적 음향학도 취급하고 있어 동양에서 가장 중요한 참고도서이다.『과학의 통계Ehsaa al-Ulum』는 그의 저서 중 가장 우수한 것으로, 음악에 관한 가장 오래되고 유명한 저서이며 라틴어로도 번역됐다. 알-파라비는 훌륭한 수학자이자 물리학자였고, 또한 우드 연주의 대가였다. 그는 터키 출신으로 음악을 예술로서 감상할 뿐 아니라 과학 연구의 소재로도 삼았다.

알-파라비와 같은 시대의 음악학자로는 아부 알-파라즈 알-이스파하니(897~967)가 있다. 그는『가요서Kitab al-Aghni al-Kabir』를 집필했다. 이것은 이슬람 이전 다수의 시뿐만 아니라 당시 시인과 음악인들의 전기를 포함하고 있으며, 스무 권으로 된 대작이다. 이 책은 책의 제목과 달리 시와 음악은 물론 문법, 역사, 과학을 취급하는 중요한 인명사전이다. 40년의 작업 끝에 완성된 이 책은 칼리파 싸이프 알-다울라에게 증정됐다. 알-이스파하니의 가족은 이스파한에 정착했다. 하지만 그는 청년 시절을 바그다드에서 보냈으며, 곧 이 도시의 가장 뛰어난 학자이자 저명한 저술가가 되었다.

라틴어로 번역된 다른 아랍어 저서로 10세기의 이론가 이븐 시나(980~1037년)의 음악연구서 『치료al-Shifaa』가 있다. 이는 음악을 과학적, 철학적 측면으로 고찰한 문헌이다. 그는 철학, 의학 그리고 음악 연구에 뛰어났으며, 알-킨디와 알-파라비의 철학에서 많은 영향을 받았다.

알-킨디 이후 더욱 발전한 장단을 표시한 사람은 압바스의 마지막 칼리파 궁전에서 활동한 사피 알-딘이다. 그는 13세기 피타고라스의 음계 체계 및 장단을 본격적으로 다룬 『장단론 Kitab al-Adwar』을 펴냈으며, 선법 개혁에 공헌한 것으로 알려져 있다. 그의 이론은 14세기부터 16세기에 걸쳐 널리 보급되었으며 아랍어, 페르시아어 등 공히 여러 논문에서 인용되고 있다.

또한 음악에 관해 대단히 큰 영향력을 가진 신학자 알-가잘리(1059~1111)는 음악 옹호자 중 한 사람으로 그의 시대에 음악이 매우 높은 위치에 도달했다. 그것은 신비주의 교단에서 음악을 사용했기 때문이다.

그러나 매우 유감스러운 사실은 이들 연구서들의 아랍어 원본이 대부분 소실되었다는 점이다. 그 이유는 아랍 음악과 음표와 악보들이 이 세대에서 다음 세대로 구전되었기 때문이다.

한편 오늘날 아랍 음악은 리듬(알-이까)은 풍부하나 화음(알-안 감)은 부족하다. 옛 아랍 음악에 관한 책 중에서 현존하는 책들을 명확히 이해하고 설명할 수 있는 현대 아랍 음악인은 없다고 한다.

스페인 우마이야조의 음악

이베리아 반도에 건립한 우마이야 왕조 초기에는 정권의 안정화가 시급하였기 때문에 당연히 다른 분야에 크게 신경 쓸 겨를이 없었다. 그런데도 왕조를 세운 압둘 라흐만 1세에게는 동부 지역에서 사들인 합사라는 뛰어난 가수가 있었다. 그녀는 우드를 연주하며 노래를 불렀다. 또한 동부에서 온 일완과 자루꾼이라는 두 명의 가수도 활발하게 활동했다.

제4대 칼리파인 압둘 라흐만 2세 때가 비교적 긴 평화의 시대로, 그는 코르도바 왕국을 압바스 제국식으로 재조직하면서 중앙집권적이고 관료주의적인 행정 그리고 압바스 궁전 조직을 도입했다. 또 동부 아랍으로부터 많은 서적과 학자들을 데리고 왔으며, 학문 전파에 지대한 관심을 갖는 문학의 후원자 역할도 했다. 칼리파 스스로도 시를 매우 좋아했다. 게다가 안달루스의 이슬람과 동양의 이슬람 문명 중심지들 간의 문화적 연결을 크게 강화했다.

그들 가운데 가장 주목할 만한 인물 중 한 사람은 하룬 알-라쉬드 궁전에서 도망쳐 온 가수 지르얍이다. 그는 코르도바 궁전에 안식처를 구했다. 이후 안달루스에 노래와 음악을 보급하고, 다른 분야에서도 크게 공헌했다. 바그다드의 모슬리 학교의 출신인 지르얍은 말하자면 안달루스 음악 예술의 기초를 처음 세운 인물이다. 822년에 코르도바에 건너간 그는 뛰어난 사회인의 상징이었다. 음악과 자연에 관해 폭 넓은 지식을 갖추었고, 친절하며 매력적인 인격도 돋보였다. 지르얍은 아름다운 소리를 가진 검은 새의 이름으로, 그의 피부색이 갈색인 데다 달콤한 목소리를 가졌다고 해서 붙여진 별명이다.

그가 코르도바에 있을 때는 압둘 라흐만 2세의 손님이었다. 당시에는 옛 나무를 대체해 독수리의 깃털로 만든 새로운 류트를 개발했다(이 악기는 무게가 가볍고, 맑은 소리를 냈다). 그는 또 류트에 1현을 추가하여 5현의 우드를 만들었고 코르도바에 음악학교를 설립했다. 이 학교는 후에 안달루스 음악의 중요한 연구소가 되었고 그 후에도 세비야, 톨레도, 발렌시아, 그라나다 등지에 계속 음악학교가 설립됐다. 특기할 만한 것은 지르얍이 이곳에 온 이래 노래와 음악이 안달루스인들에게 널리 보급되었고, 그 음악과 노래가 번창함에 따라 자연히 시에도 영향을 주었다는 점이다.

안달루스에서 음악과 노래가 크게 유행하자, 그 결과 히자즈나 이라크와는 다른 시의 모습이 나타났다. 이것이 바로 운율의 종류가 다양하고 각운의 수가 여러 개로 구성된 소위 무왓샤하트(al-Muwashshahat)라고 알려진 노래를 위한 시, 즉 노래시였다. 아마도 시에 노래와 음악이 끼친 영향이 이렇게 컸던 아랍 환경은 이곳 안달루스 이외에는 없을 것이다.

한편 지르얍 다음가는 음악의 제2인자는 아부 알-까심 이븐 페르나스(888년 사망)였다. 그는 스페인에 동부 지역 음악을 소개하고 보편화하는 데 공헌한 인물이었다.

지르얍과 이븐 페르나스가 스페인에 소개한 이론 및 실기 음악은 순수 아랍 음악이 아니라 페르시아-아랍 음악의 혼합이었다. 시간이 경과하면서 그것은 그리스 및 피타고라스 음악으로 대체되었다.

음악이 안달루스 사람들에게 많은 영향을 끼쳤다는 증거는 이븐 압드 랍비히(860~940)가 그의 대표작인 『독특한 목걸이al-Iqd al-Fareed』에서 다음과 같이 음악의 장점을 묘사한 점에 비추어 보면 알 수 있다.

> 음악은 청취의 욕망이며, 정신을 위한 기름진 땅이며, 마음과 사랑을 위한 샘물 같고, 억압된 자들을 위한 예능인이며, 외로운 사람의 친구이다. 누구나 훌륭하고 아름다운 음악으로 현세와 내세에서 가장 좋은 것을 얻을 수 있다. 왜냐하면 음악은 훌륭한 도덕과 선행, 명예 보호를 위한 하나의 영감이며 마지막으로 당신의 죄를 극복하도록 도와주는 것이기 때문이다. 음악은 또 남자로 하여금 자신의 잘못에 울게 하고 경직된 가슴을 부드럽게 해준다.

일반적으로 말해서 서부 지역 무슬림들은 동부 지역에 비해 음악을 듣고 연주하는 경향이 훨씬 강하다. 11세기 말에 안달루스 음악은 바그다드 음악의 명성을 능가했다. 이 시기에 세비야는 코르도바를 잠시 통치했던 바니 압바드의 지배하에 들어갔으며 세비야는 음악과 노래, 오락의 중심지가 되었다. 흔히 세비야는 안달루스 지역에서 아랍의 흥성했던 세기로 연결된다.

리베라는 최근의 연구서를 통해 스페인 대중음악은 물론 유럽 남서 지역의 음악이 13세기 이후 아랍, 페르시아 및 그리스를 근간으로 하는 안달루스 음악에서 비롯되었다고 밝히고 있다. 또한 철학, 수학, 의학은 그리스-로마에서 비잔틴, 페르시아, 바그다드로, 그리고 다시 스페인으로, 그 후 모든 유럽으로 이전되었으며, 몇몇 형태의 이론 및 실제 연주 아랍 음악이 유럽으로 이전되었다고 했다. 스페인 그림에서 나타나는 많은 악기들과 이들 악기를 연주하는 사람들의 그림을 보면 그 악기들의 원조가 이슬람이라는 데는 하등 의심의 여지가 없다.

12세기 초, 정량음악에 기초한 기독교-유럽 음악의 새로운 시스템이 출현했다는 것은 매우 중요한 사실이다. 이와 같은 정량음악의 실상을 설명한 첫 번째 인물은 신상이 잘 알려지지 않은 프랑코 알-쿨루니(1190년경 사망)이다. 프랑코 박자수라고 알려진 그의 박자수는 오늘날 사용되는 박자수와 근본적으로 다르지 않다. 그러나 이 정량음악은 알-이까(리듬)라는 이름으로 알려진 아랍 음악의 독립 부분을 구성하기 위해 사용됐다. 그리고 프랑코 시대 이전에 적어도 4세기 이상 아랍인에게 알려진 것이다. 870년경 알-킨디가 이 정량음악을 자세히 설명한 인물로 유명하다.

프랑코 이후에는 존 갈랑의 것으로 보이는 연구서가 나왔는데, 여기에서 오키티스(Owkeetis), 즉 음악리듬 기법의 기초와 근간이 다뤄졌다. 오키티스라는 단어는 아랍어 단어인 이-까아-트(리듬들)의 다른 말이다. 아마도 이 정량음악이야말로 아랍인들이 음악에 제공한 가장 위대한 선물일 것이다.

아랍인들은 이외에도 서구 음악 발전에 중요한 역할을 한 두 개의 악기를 유럽에 소개했다. 우드와 현악기 라밥(al-Rabab 또는 Rebec)이 바로 그것인데, 특히 아랍의 우드가 스페인에서 류트로 개량되었다. 우드는 당시의 어떤 유럽 현악기보다 음계를 정확하게 구현할 수 있는 구조였다. 그래서 유럽의 초기 노래와 춤곡의 뿌리는 아랍에서 기원한 것이 많다.

유럽은 이슬람 문명과 접촉함으로써 이슬람 음악체계의 영향을 받았다. 하지만 개략적인 윤곽만이 알려져 유럽에 끼친 이슬람 음악의 영향에 대한 학술적 토론은 힘들다는 유럽 학자의 주장도 있다. 하지만 아랍인들이 유럽 음악 발전에 기여한 것만은 분명한 사실이다.

조화와 균형의 아름다움 : 이슬람 예술의 특징

 이슬람 문화는 주로 그리스-로마 등 지중해 문화, 페르시아 문화, 인도와 중국 문화를 그 표현 수단인 아랍어와 이슬람 신앙을 통하여 융합한 것으로, 특유의 융화력과 상대적인 관용성을 특색으로 한 다양성이 드러난다. 무슬림들은 이러한 바탕 위에서 이슬람 음악과 모스크, 궁전, 성채, 영묘 등의 건축물을 세웠으며, 아라베스크로 대변되는 뛰어난 장식미술을 발전시켰다.
 건축의 경우, 이슬람 예술의 최초 형태이자 가장 영구적인 것으로 조형예술을 대표하는 예술양식이다. 건축은 그 종교적 다양성을 발판으로 자리 잡아왔다. 즉 이슬람 건축은 어느 한 민족이나 특정 지역의 표현이 아니며, 다수의 인종적 또는 지역적 발전에 문화적인 토대가 된 것이다.

이슬람 예술은 그 종류와 시대 장소에 따라 차이가 있다. 하지만 일반적으로 특히 미술과 건축 등 공간예술의 경우에서 다음과 같은 공통적인 특징을 열거할 수 있다.

첫째, 예술의 중심지가 많고 지역적 거리감과 토착적인 영향에도 불구하고 통일된 특성 또는 개성이 있다. 이는 유사한 지리적 요소의 영향과 역사적 요소의 영향에 기인한다. 그러므로 모든 곳에 예술적 표현의 유사성이 있음을 알 수 있다.

둘째, 이슬람 예술은 이슬람 정신에서 영향을 받은 종교적 예술이다. 특히 모스크, 마드라사, 수도원 등의 건립과 코란 자구(字句)의 장식에서 그 정신을 엿볼 수 있다. 또한 컵과 램프, 주전자 등에서 웅대한 건축물에 이르기까지, 모든 곳에서 이슬람의 흔적을 찾아낼 수 있다.

셋째, 기하학적 문양, 식물무늬 문양, 아랍어의 예술화 등 장식이 많은 예술이다. 이슬람 예술에서 장식되지 않는 대상은 드물다. 유약을 바르지 않고 구운 값싼 도기에도 거의 항상 장식의 형태가 보인다.

마지막으로 이슬람 예술은 인간과 동물의 묘사를 하지 않는다. 특히 모스크와 같은 숭배 장소와 종교 서적 등에서 이 규율은 절대적이다. 이는 예언자 무함마드의 혐오에서 기인한 것으로, 우상 및 영혼이 있는 생명체를 상징하는 조상(彫像)이나 그림은 이슬람 초기부터 예술적 요소로서의 가치가 무시되었다. 다만 종교적 예술과 구분되는 순수 민간 예술 분야(궁전이나 도시)에서는 이것이 일부 허용되었다.

다시 말해 우리가 이슬람 예술이라고 부르는 것은 그 근원, 모티프, 제작에서 절충적인 입장을 취하며 그것들을 이슬람의 요구, 즉 이슬람에 필요한 것으로 각색했다. 그러나 서양의 예술이 자연의 원리를 분석하는 자연 중심적인 데 반하여, 동양은 인간 중심적이고 예술 자체의 정신성을 중요시했다. 그러다 보니 예술사적 업적은 미흡하다고 할 수 있다.

결론적으로 말해 이슬람적 요소로 간주되는 것 중 가장 중요한 특징은 일반적인 조화, 부분들의 균형, 전체 구성의 완벽성이라고 할 수 있다.

참고문헌

공일주, 『아랍문화의 이해』, 대한교과서(주), 1996.
권찬, 『중동의 지정학』, 한민족, 1984.
김정위, 『이슬람 문화사』, 문학예술사, 1985.
김정위, 『이슬람 입문』, 한국외국어대학교 출판부, 1998.
박미경, 『세계 음악의 이해』, 음악과 민족, 1994.
송경숙, 전완경, 조희선, 『아랍 문학사』, 송산출판사, 1992.
전완경, 『아랍의 관습과 매너(1)』, 부산외국어대 출판부, 2003.
전인평, 「아랍 음악의 이해」, 『음악과 문화』(제1호), 세계음악학회, 1999.
정수일, 『이슬람 문명』, 창작과 비평사, 2002.
최영길, 『꾸란해설』, 송산출판사, 1988.
대니얼 J. 부어스틴, 이민아, 장석봉 옮김, 『창조자들』, 민음사, 2003.
로버트 어윈, 황의갑 옮김, 『이슬람 미술』, 예경, 2005.
버나드 루이스, 김호동 옮김, 『이슬람 1400년』, 까치, 2003.
쉐이크 파드랄라 하에리, 김정헌 옮김, 『이슬람교입문』, 김영사, 1999.
조너선 블룸, 셰일라 블레어, 강주헌 옮김, 『이슬람 미술』, 한길아트, 2003.
프란체스카 로마나 로마니, 이유경 옮김, 『이슬람』, 생각의 나무, 2008.
J.B. 노스, 윤이흠 옮김, 『세계종교사 상·하』, 현음사, 1986.
R.A. 니콜슨, 사희만 옮김, 『아랍 문학사』, 민음사, 1995.

Afif al-Buhnisy, *Mawusuat al-Turath al-Miumary*, Nabil toumath, 2004.
Ahmad Safi, *Mawusuat Aulam al-Musiqa wa al-Adawat al-Musiqiya*, Dar al-Ussma, 2003.
Anwar al-Rifayy, *Tarikh al-Fann*, Dar al-Fikr, 1977.
Bernard Lewis(ed.), *The World of Islam*, Thames and Hudson, London, 1976.
David Talbot Rice, *Islamic art*, Thames and Hudson, London,

1975.

Halim Barakat, *The Arab World*, University of California Press, 1993.

James W. Allan, *A Short Account of Early Muslim Architecture*, The American University in Cairo Press, 1989.

Jonathan Bloom and Sheila Blair, *Islam*, Yale University Press, 2002.

Joseph Schacht & C. E. Bosworth(ed.), *The Legacy of Islam*, Oxford at the Clarendon Press, 1974.

Laila Fayad, *Mawusauat Aulam al-Rasm*, Dar al-Kutub al-ilmiya, 1992.

R. M. Savory(ed.), *Introduction to Islamic Civilisation*, Cambridge University Press, 1994.

Sahih al-Bukhary.

Wisdan Ali Ibn Naif, *al-umaiwiyun, al-Abbasiyun*, al-Andalusiyun, Dar al-Bashir.

이슬람 예술

| 펴낸날 | 초판 1쇄 2010년 5월 14일 |

지은이　**전완경**
펴낸이　**심만수**
펴낸곳　**(주)살림출판사**
출판등록　1989년 11월 1일 제9-210호

경기도 파주시 교하읍 문발리 파주출판도시 522-1
전화　031)955-1350　　팩스　031)955-1355
기획·편집　031)955-1373
http://www.sallimbooks.com
book@sallimbooks.com

ISBN　978-89-522-1415-7　　04080

※ 값은 뒤표지에 있습니다.
※ 잘못 만들어진 책은 구입하신 서점에서 바꾸어 드립니다.

책임편집　**이명선**